Guia de conversação comercial

Francês

de Janine Bruchet Collins

Martins Fontes
São Paulo 2000

Esta obra foi publicada originalmente em alemão com o título
BUSINESS SPRACHFÜHRER FRANZÖSISCH por Klett Verlag, Stuttgart.
Copyright © Ernest Klett Verlag GmbH, Stuttgart,
República Federal da Alemanha, 1998.
Copyright © Livraria Martins Fontes Editora Ltda.,
São Paulo, 2000, para a presente edição.

1ª edição
maio de 2000

Tradução
M.F.

Revisão gráfica
Ana Maria de Oliveira Mendes Barbosa
Solange Martins
Produção gráfica
Geraldo Alves
Paginação/Fotolitos
Studio 3 Desenvolvimento Editorial (6957-7653)

Dados Internacionais de Catalogação na Publicação (CIP)
(Câmara Brasileira do Livro, SP, Brasil)

Bruchet Collins, Janine
  Guia de conversação comercial : francês / de Janine Bruchet Collins ; (tradução M.F.). – São Paulo : Martins Fontes, 2000.

  Título original: Business Sprachführer Französisch.
  ISBN 85-336-1254-0

  1. Conversação 2. Francês comercial I. Título.

00-1852   CDD-448.3

Índices para catálogo sistemático:
1. Conversação comercial : Francês : Lingüística 448.3
2. Francês : Conversação comercial : Lingüística 448.3

Todos os direitos para o Brasil reservados à
Livraria Martins Fontes Editora Ltda.
Rua Conselheiro Ramalho, 330/340
01325-000 São Paulo SP Brasil
Tel. (11) 239-3677 Fax (11) 3105-6867
e-mail: info@martinsfontes.com
http://www.martinsfontes.com

Índice

Prefácio 8

1 Informações úteis para sua viagem 9
Outros países... 9
A arte da conversação 10
Cortesia 11
Títulos e nomes 12
Gesticulação 12
Vida profissional e privacidade 12

2 O essencial em poucas palavras 14
Apresentações 14
Cumprimento e despedida 14
Pedir um favor 16
Agradecimentos 16
Desculpas 17
Lamentando-se 17
Problemas de compreensão 18
Opinar 18
Mostrar interesse 19
Países, regiões e nacionalidades 19
Mares, lagos e rios 20
Alguns nomes de cidades 21
Soletrar 22
Os números 22
   Números cardinais 22
   Números ordinais 23
   Sinais aritméticos 23
Data e hora 23
   Os dias da semana 24
   Os meses 24
   Feriados 24
   Horas 24
   Indicadores de tempo 25
   Mapa de fusos horários 26

3 **Telefonar** 27
Números de telefone 27
Perguntar a alguém 27
Entrar em contato 28
Deixar um recado 29
Problemas 29
Secretária eletrônica 29

4 **Preparativos de viagem** 31
Marcar encontro 31
Como se vestir? 32
Confirmação 32
Reserva de passagem aérea 33
Reserva de quarto de hotel 34

5 **A caminho** 35
Avião 35
  Anúncios 36
Controle de passaportes 36
Alfândega 37
Trens 38
Carros de aluguel 40
Estradas e trânsito 40
Sinalização das estradas 41
Táxi 41
Ônibus e metrô 42

6 **Hospedagem** 44
Na recepção 44
Serviços 45
Problemas 45
Partida 46

7 **Gastronomia** 48
Reserva 48
Fazer o pedido 49
Modos de preparo 49
Cardápio 50
Carta de vinhos 52
Apreciar 54
Pedidos e reclamações 54
Brasseries, bares e cafés 55
Pagar 55

8 **Na cidade** 57
Descrição do caminho 57
Localização 57
Edifícios e locais públicos 58
Correio 58
Banco 59
Compras 61
Lazer e cultura 63

9 **Feiras** 65
Espaço e instalações 65
Organização 65
Ações e apoio publicitários 66
Contatos com os clientes 66
Descrição do produto 67
Manter-se em contato 68
Encomenda 69
   Condições de entrega e pagamento 70

10 **Organização e estrutura da empresa** 71
Tipos de empresa 71
Setores de atividades e mercados 72
Ramos 73
Desenvolvimento da empresa 73
Organograma 75
Responsabilidades 75
Profissões 77

11 **Visitas a empresas** 80
Na recepção 80
Prédio 80
Pontualidade 81
Acolhimento 81
Mobília e equipamento de escritório 82
Material 83
Programação 83
Visita a uma fábrica 84
   Na produção 84
   Regulamento 85
Despedida 85

12 Parceria 87
Aquecimento 87
Explicando os projetos 87
Pedir explicações 89
Responder 89
Negociar 89
Tempo de reflexão 91
Fechar o negócio 92
   Contratos 92

13 Reuniões e exposições 93
Pauta do dia 93
Abrir uma reunião 93
Opiniões 93
Explicar 94
Intervir 95
Dirigir a discussão 95
Resumir e concluir 95

14 Exposição 97
Equipamento 97
Introdução 97
Palavras para estruturar uma exposição 98
A mensagem 98
Diagramas 99
   Variações 100
   Comparação 101
Concluir 101
Aplausos 102
Perguntas sobre a exposição 102

15 Convites profissionais e pessoais 103
Convidar 103
Refeição de negócios 103
   Falar de negócios durante a refeição 104
   Quem paga a conta? 104
Convite para um jantar em casa 105
   À mesa 106
   Despedir-se 106

16 Bate-papo 108
O tempo 108
Negócios 109
Países e regiões 109

Cidades 110
Filhos 110
Esporte 111
Passatempos 111
Dar os parabéns 112

17 Socorro! 113

Saúde 113
  Médico 113
  Dentista 114
  Farmácia 114
  Oculista 115
Polícia 115
Acidente de trânsito e pane 116

Índice remissivo 117

Abreviaturas utilizadas neste guia

B	Belgique	Bélgica
CH	Suisse	Suíça
F	France	França
f	féminin	feminino
m	masculin	masculino
M.	Monsieur	Senhor
Mlle	Mademoiselle	Senhorita
Mme	Madame	Senhora
Q	Québec	Quebec
s.v.p.	s'il vous plaît	por favor

Gênero dos substantivos

Para que se saiba qual é o gênero das palavras que constam neste guia, os substantivos no francês serão acompanhados pelos artigos definidos, le (m) e la (f). Como para as palavras iniciadas por vogal o artigo sempre se reduz a l' e no plural é sempre les, nesses casos o gênero será indicado por m ou f.

Pronomes

É bom lembrar que o pronome vous corresponde ao tratamento mais formal. Nas frases deste guia, aparecerá em português a forma singular (o senhor, a senhora) ou plural (os senhores, as senhoras), conforme o contexto. Mas é bom lembrar que o mesmo pronome é usado ao se tratar de uma ou de mais pessoas.

Prefácio

Atualmente as viagens de negócios para o exterior fazem parte do cotidiano de executivos, técnicos e vendedores... E isso tende a acontecer cada vez mais com o avanço da globalização.

Homens de negócios constatam que, quando seus contatos com parceiros estrangeiros fracassam, raramente isso ocorre apenas por causa das barreiras de língua. Assim, para que as relações comerciais sejam bem-sucedidas, é extremamente importante conhecer também a cultura e a mentalidade de um país.

É justamente por isso que o *Guia de conversação comercial francês* oferece, ao lado de uma grande variedade de expressões úteis e de um extenso vocabulário, inúmeras dicas práticas.

O *Guia de conversação comercial francês* está dividido em 17 áreas temáticas, abrangendo as áreas de atividade comercial mais importantes: desde visitas a feiras e empresas, negociações de contratos e exposições orais, até bate-papos triviais com o parceiro comercial. Além disso, o *Guia de conversação comercial francês* ainda contém todas as situações com as quais deparamos em qualquer viagem ao exterior (hotel, gastronomia, compras...).

A França constitui o ponto central do *Guia de conversação comercial francês*. Contudo, ele também apresenta informações sobre especificidades lingüísticas e culturais de outras regiões em que se fala o francês, sobretudo da Suíça francesa, da Bélgica, de Quebec (Canadá) e dos países francófonos da África.

O *Guia de conversação comercial francês*, portanto, além de ser um auxiliar para a comunicação oral, também contribui para uma ambientação nos países de língua francesa e para o estabelecimento de relações comerciais satisfatórias.

Informações úteis para sua viagem

Outros países...

→•◆→ Cada país tem sua cultura própria, e as maneiras de se comunicar variam de uma cultura para outra. Não conhecer essas diferenças pode levar a muitos mal-entendidos. Quando não conhecemos os costumes de um lugar, sem ter a menor intenção, podemos acabar sendo grosseiros e inconvenientes. Quando se vai para o exterior, é preciso ter muito cuidado para não cometer gafes ou até ofender as pessoas. Deixar de fazer ou dizer alguma coisa pode ser uma mensagem tão forte quanto fazer ou dizer. Portanto, é muito importante conhecermos um pouco da cultura de nossos interlocutores para podermos compreendê-los melhor e também para nos fazer entender por eles.

Os franceses têm muito orgulho de seu país. A capital da França é Paris, que, além de sede do governo e centro econômico do país, é um dos centros culturais mais importantes do mundo. Essa centralização remonta aos tempos do reinado de Luís XIV, o rei-sol, e resultou numa rede ferroviária e rodoviária em forma de estrela, cujo centro é Paris. Além da capital, as maiores cidades da França são Lyon, Toulouse, Lille, Grenoble e Bordeaux, que por sua vez são centros regionais importantes.

Os franceses têm uma forma peculiar de ser. Não são nada conformistas e, muitas vezes, têm reações inesperadas, justamente por serem questionadores e interpretarem as normas de maneira muito individual.

Têm consciência de pertencer a uma sociedade de cultura "admirável", o que os leva a almejar um refinamento quanto à forma e ao estilo. Faz parte de sua natureza expressar-se de maneira precisa e brilhante, vestir-se com elegância, sem falar na sua exigência quanto ao comer e ao beber. Todos certamente já ouviram falar no primor da cozinha e dos vinhos franceses.

Os franceses de modo geral são pontuais, mas não têm a obsessão britânica ou germânica pelo relógio. É freqüente eles se atrasarem e adiarem encontros. Em geral demoram para responder à correspondência comercial e nem sempre conseguem seguir rigidamente a pauta de uma reunião. Eles não se atêm muito a cronogramas e documentos, dando maior importância a contatos pessoais do que a trâmites burocráticos. Portanto, quando você estiver na França a negócios, se houver atrasos ou se fizerem você esperar, isso não significará que sua empresa esteja sendo menosprezada.

Numa reunião, informações detalhadas e exaustivamente documentadas costumam ser recebidas com impaciência ou tédio. Assim, recomenda-se que as exposições sejam diversificadas e, sempre que possível, muito bem ilustradas, dinâmicas e resumidas. De preferência, fale livremente, sem se prender à leitura de um texto, e prepare-se para longas discussões e questionamentos.

As regiões de língua francesa da Bélgica e da Suíça são, em certos aspectos, diferentes da França. Nas relações sociais predominam as características francesas, mas nas relações comerciais em geral prevalecem os modos, respectivamente, da Flandres e da Suíça alemã.

Em Quebec, no Canadá, os homens de negócios têm comportamento mais semelhante ao dos norte-americanos, embora mesclado a um certo modo de ser europeu. Entre os habitantes de Quebec encontram-se muitos franceses estabelecidos no Canadá, ao lado de pessoas cuja língua de origem é o inglês e, também, imigrantes de todas as partes do mundo, que falam então o francês, o inglês e sua língua materna.

Nos países africanos de língua francesa, a cultura francesa é o modelo segundo o qual se pautam os comportamentos e o modo de ser.

A arte da conversação

→ ● ● ▶ *A conversação é uma arte a que os franceses se dedicam com prazer e desenvoltura. São peritos em desenvolver temas, estabelecer ligações entre vários assuntos e extrair conclusões, o que não deixa de ser interessante mas, muitas vezes, torna as discussões longas e complicadas. Em geral chega-se ao núcleo da questão muito lentamente, por caminhos indiretos. Comumente o problema do preço é deixado para o fim.*

Nas regiões de língua francesa da Bélgica e da Suíça a abordagem costuma ser mais direta e os assuntos comerciais são discutidos já de início de maneira mais objetiva e concreta.

Os africanos de língua francesa preferem o "estilo francês".

Cortesia

▸•• ▸ *Os franceses levam muito a sério as regras da cortesia e boa educação. Ao se dirigirem diretamente a alguém, sempre completam as frases e observações com* monsieur *(senhor),* madame *(senhora) ou* mademoiselle *(senhorita). Assim, por exemplo:*

– *Bonjour, monsieur.*
– *Merci, mademoiselle.*
– *Qu'est-ce que vous en pensez, madame.*
– *Très bien, messieurs.*

Na Bélgica, na Suíça e nos países africanos acrescenta-se ao tratamento também o sobrenome da pessoa:

– *Bonjour, Madame Galland / Monsieur Diop.*
– *Comment allez-vous ?*

▸•• ▸ *Com o emprego do* conditionnel, *o tom de cortesia e diplomacia acentua-se ainda mais. Diz-se, por exemplo:*

– *Pourriez-vous… ? / Nous pourrions… / Je pourrais…*
– *Nous serions heureux de… / Seriez-vous en mesure de… ?*
– *Auriez-vous le temps de… ?*
– *Nous aimerions…*

▸•• ▸ *Ao dirigir-se a alguém para pedir uma informação, chame a atenção da pessoa com introduções do tipo:*

– *Pardon, monsieur/madame/mademoiselle…*
– *Excusez-moi, monsieur/madame/mademoiselle…*

▸•• ▸ *A pergunta que vem a seguir poderá ser feita de maneira formal ou mais informal:*

– *Est-ce que vous connaissez… ? (mais comum)*
– *Vous connaissez… ? (mais comum)*
– *Connaissez-vous… ? (mais formal)*

Títulos e nomes

▸•••▸ Os franceses dão grande importância à hierarquia e à etiqueta. Assim, sempre mantêm o título da pessoa a que se referem ou a quem se dirigem, como por exemplo Monsieur le Président, Monsieur le Directeur. De modo geral, o primeiro nome, até mesmo entre colegas de trabalho, raramente é usado. Embora entre os mais jovens já se note uma informalidade maior, num primeiro contato convém sempre chamar a pessoa pelo sobrenome. Quanto ao tratamento, a regra é utilizar o pronome vous, mais formal. Entre os mais jovens também se nota uma tendência ao uso do tratamento informal tu. Para evitar constrangimentos, o melhor é sempre seguir os outros.

Gesticulação

▸•••▸ Embora muito apegados à etiqueta, os franceses em geral são muito afáveis, o que acaba facilitando uma aproximação. O francês acompanha o que diz com gestos, expressões faciais e mímica. Encolhe os ombros para expressar Je n'y peux rien! ("Não posso fazer nada!"), levanta as sobrancelhas para significar Vous me comprenez, n'est-ce pas? ("Você me entende, não é?"). No entanto, não há o excesso de informalidade e a facilidade de contato físico que às vezes ocorre entre latino-americanos.

Na Suíça e na Bélgica a linguagem gestual e corporal é bem mais contida.

Nos países da África, a expressão corporal é mais intensa do que na França e, aí sim, o contato físico é mais freqüente.

Vida profissional e privacidade

▸•••▸ Sempre é difícil fazer generalizações a respeito do comportamento de um povo. No mundo dos negócios, encontram-se na França dois tipos de comportamento que refletem duas tendências nítidas. Tradicionalmente, a vida profissional e a vida particular não se misturam. Entre os executivos mais jovens, no entanto, tornam-se mais freqüentes os encontros e as visitas entre colegas de trabalho. Se você for convidado para ir à casa de um parceiro de negócios, saiba que isso é um sinal de confiança e amizade, que não deve ser rejeitado.

Quanto às relações profissionais e de negócios na Bélgica e na Suíça, valem as mesmas observações.

Na África, os contatos sempre são mais efusivos e informais, e muitas vezes acabam redundando em amizades pessoais.

O essencial em poucas palavras

Apresentações
Présentations

▸•••▸ *Os franceses costumam se cumprimentar e se despedir com um aperto de mão. Para apresentar uma pessoa, diz-se primeiro seu nome e seu título ou profissão, mas sem mencionar seu grau acadêmico. O tratamento* Docteur *é reservado aos médicos.*

Bom dia, meu nome é Catherine Tastet.
Bonjour, je suis (Q: je m'appelle) Catherine Tastet.

Sr. Moreau, permita que lhe apresente o sr. Legrand.
M. Moreau, puis-je vous présenter M. Legrand.

O sr. Legrand é engenheiro / nosso especialista em... / encarregado do setor de informática.
M. Legrand est ingénieur / notre spécialiste de… / chargé de l'informatique.

Gostaria de lhe apresentar a srta. Duvivier, minha colega.
J'aimerais vous présenter Mme Duvivier, ma collègue.

Conhece o sr. Garreaud?
Vous connaissez M. Garreaud ?

Bom dia, Ian Collins. / Muito prazer, Ian Collins.
Bonjour, Ian Collins. / Enchanté, Ian Collins.

Senhor.
Monsieur.

Muito prazer.
Enchanté(e).

Estou feliz por conhecê-lo (-a).
Je suis heureux (heureuse) de faire votre connaissance.

Cumprimento e despedida ▸▸ **1** *Cortesia*
Salutations

▸•••▸ *Na França, bons amigos e até alguns colegas, em vez de apertar a mão, cumprimentam-se com beijinhos (bises) – um ou vários, dependendo do costume da região.*

Em Quebec essa prática é pouco comum, e, quando ocorre, é apenas entre homens e mulheres que se conhecem muito bem.

Bom dia, senhor / senhora / senhorita.
Bonjour, monsieur/madame/mademoiselle.

Boa noite, senhor / senhora / senhorita.
Bonsoir, monsieur/madame/mademoiselle.

Olá.
Salut.

Como vai? / Como vai o senhor? / a senhora? / a senhorita?
Comment ça va ? / Comment allez-vous ?

─●●▶ *A pergunta "ça va?" é pura cortesia de rotina, que requer uma resposta sucinta, sem grandes explicações sobre a saúde ou os problemas da vida.*

Bem, obrigado(a), e você / o senhor / a senhora?
Bien, merci. Et vous-même ?

Vai-se indo.
Ça va.

Estou contente em vê-lo(a).
Je suis content(e) de vous voir.

Fez boa viagem?
Vous avez fait bon voyage ?

A família vai bem?
Toute la famille va bien ?

Até logo.
A bientôt.

Até amanhã.
A demain.

Até mais ver.
Au revoir.

Tchau.
Salut. (*Q também na despedida:* Bonjour.)

Lembranças ao sr. Schmidt.
Mes salutations à M. Schmidt.

Lembranças à sua esposa.
Mes hommages à Madame …

Boa viagem.
Bon voyage.

Darei notícias.
Je vous tiens au courant.

Pedir um favor
Demander quelque chose

Poderia..., por favor?
Pouvez-vous… , s'il vous plaît ?

Poderia me ajudar?
Pourriez-vous m'aider ?

Desculpe, senhor / senhora / senhorita, poderia me dizer / mostrar como...
Excusez-moi, monsieur/madame/mademoiselle. Pouvez-vous me dire/montrer comment…

Claro...
Mais oui…

Sem dúvida.
Oui, bien sûr.

Infelizmente não.
Malheureusement, non.

Sinto muito, mas...
Je suis désolé(e) mais…

Poderia me fazer um favor?
Pourriez-vous me rendre un service ?

Queria lhe perguntar uma coisa.
Je voudrais vous demander quelque chose.

Claro. / Por favor.
Mais oui. / Je vous en prie.

Será que seria muito incômodo se...
Ça ne vous dérange pas si…

De modo nenhum... pelo contrário.
Mais pas du tout… Au contraire.

Agradecimentos
Remerciements

Obrigado(a).
Merci.

Muito obrigado(a).
Merci beaucoup.

É muita gentileza de sua parte.
C'est vraiment gentil de votre part.

Não há o que agradecer.
Je vous en prie.

De nada. / Não há de quê.
De rien. / Il n'y a pas de quoi.

→●●► *Em Quebec, muitas vezes se diz "bienvenu" em resposta a um agradecimento, tradução do inglês "You're welcome".*

Foi um prazer.
Ça a été un plaisir. / Ça m'a fait plaisir.

Desculpas
Excuses

Desculpe-me.
Excusez-moi.

Perdão.
Pardon.

→●●► *"Pardon" é muito utilizado em francês, até com o sentido de "com licença" ou "como, por favor?".*

Desculpe-me, mas...
Je suis vraiment désolé(e) mais...

Sinto muito, mas...
Je regrette mais...

Ora, por favor.
Je vous en prie.

Não foi nada.
Ce n'est rien. / Ça ne fait rien.

Não tem importância.
Ce n'est pas grave.

Lamentando-se
Regrets

Ai, ai, ai!
Oh là là !

Que pena!
Quel dommage !

É pena que não possa ficar.
C'est dommage que vous ne puissiez pas rester.

Fica para outra vez.
Ce sera pour une autre fois.

Problemas de compreensão
Problèmes de compréhension

Desculpe-me, mas não entendi muito bem.
Excusez-moi, mais je n'ai pas bien compris / saisi.

Como, por favor?
Pardon ?

Poderia repetir, por favor?
Pourriez-vous répéter, s'il vous plaît ?

Poderia falar mais devagar, por favor?
Pourriez-vous parler plus lentement, s'il vous plaît ?

Não falo muito bem o francês.
Je ne parle pas très bien le français.

O que foi que ele disse?
Qu'est-ce qu'il a dit ?

O que quer dizer isso?
Qu'est-ce que ça veut dire ?

Como se diz isso em francês?
Comment ça se dit en français ?

Como se pronuncia isso?
Comment ça se prononce ?

Opinar ▸▸ [3] *Opiniões*
L'opinion

Penso que / Acho que...
Je pense / Je crois que...

Tenho certeza de que...
Je suis sûr(e) que...

Estou convencido(a) de que...
Je suis convaincu(e) que...

Talvez
Peut-être...

Pode ser que...
Il est possible que...

Depende...
Ça dépend...

Não sou dessa opinião.
Je ne suis pas de cet avis. (Q: Je ne partage pas cet avis.)

Concordo. / Não concordo.
Je suis d'accord. / Je ne suis pas d'accord.

Mostrar interesse
L'enthousiasme

Ah, é?
Ah bon !

É mesmo? / É verdade?
Vraiment ?

É muito interessante.
C'est très intéressant !

(É) Muito impressionante.
(C'est) Très impressionnant.

Eu não sabia disso.
Je ne connaissais pas ça.

É verdade.
C'est vrai.

Tudo bem.
Bien.

Acho isso ótimo.
Je trouve ça très bien.

É uma chateação.
C'est ennuyeux (Q: dérangeant).

Que pena!
Dommage !

Países, regiões e nacionalidades
Pays, régions et nationalités

▬●●▬ *Muitos nomes de lugares e nacionalidades em francês lembram o português. Na lista abaixo você encontrará na primeira coluna nomes de países em português, na segunda em francês e na terceira, também em francês, o nome das nacionalidades correspondentes. Seguem-se também nomes de mares, lagos, rios e cidades.*

Alemanha	l'Allemagne *f*	Allemand(e)
Argélia	l'Algérie *f*	Algérien(ne)
Áustria	l'Autriche *f*	Autrichien(ne)
Bélgica	la Belgique	Belge
Benin	le Bénin	Béninois(e)
Burquina Faso	le Burkina-Faso	Burkinabé(e)
Burundi	le Burundi	Burundais(e)
Camarões	le Cameroun	Camerounais(e)
Canadá	le Canada	Canadien(ne)
Chade	le Tchad	Tchadien(ne)
Comores	les Comores *f*	Comorien(ne)
Congo	le Congo	Congolais(e)

Costa do Marfim	la Côte-d'Ivoire	Ivoirien(ne)
Djibuti	Djibouti	Djiboutien(ne)
França	la France	Français(e)
Gabão	le Gabon	Gabonais(e)
Guadalupe	la Guadeloupe	Guadeloupéen(ne)
Guiana Francesa	la Guyane française	Guyanais(e)
Guiné	la Guinée	Guinéen(ne)
Haiti	Haïti	Haïtien(ne)
Luxemburgo	le Luxembourg	Luxembourgeois(e)
Madagascar	Madagascar	Malgache
Mali	le Mali	Malien(ne)
Marrocos	le Maroc	Marocain(e)
Martinica	la Martinique	Martiniquais(e)
Mauritânia	la Mauritanie	Mauritanien(ne)
Mônaco	Monaco	Monégasque
Nigéria	le Niger	Nigérien(ne)
Nova Caledônia	la Nouvelle-Calédonie	Néo-Calédonien(ne)
Polinésia Francesa	la Polynésie française	Polynésien(ne)
Quebec	le Québec	Québécois(e)
República Centro-Africana	la République centrafricaine	Centrafricain(e)
Reunião	la Réunion	Réunionnais(e)
Ruanda	le Ruanda	Ruandais(e)
Senegal	le Sénégal	Sénégalais(e)
Suíça	la Suisse	Suisse
Togo	le Togo	Togolais(e)
Tunísia	la Tunisie	Tunisien(ne)
Zaire	le Zaïre	Zaïrois(e)

Mares, lagos e rios
Mers, lacs et rivières

Canal da Mancha	la Manche
Danúbio	le Danube
Lago de Constança	le lac de Constance
Lago Leman	le lac Léman
Mar Báltico	la mer Baltique
Mar Mediterrâneo	la mer Méditerranée
Mar do Norte	la mer du Nord
Mosela	la Moselle
Reno	le Rhin
Rio São Lourenço	le (fleuve) Saint-Laurent

Alguns nomes de cidades
Quelques noms de villes

Alemanha — **Allemagne**
Aachen — Aix-la-Chapelle
Bremen — Brême
Colônia — Cologne
Dresden — Dresde
Frankfurt — Francfort
Hanôver — Hanovre
Mogúncia — Mayence
Munique — Munich
Nurembergue — Nuremberg
Ratisbona — Ratisbonne
Saarbrucken — Sarrebruck
Treves — Trêve

Áustria — **Autriche**
Salzburgo — Salzbourg
Viena — Vienne

Suíça — **Suisse**
Basiléia — Bâle
Chur — Coire
Friburgo — Fribourg
Genebra — Genève
Neuchâtel — Neuchâtel

França — **France**
Dunquerque — Dunkerque
Estrasburgo — Strasbourg
Nice — Nice

Bélgica — **Belgique**
Antuérpia — Anvers
Bruges — Bruges
Bruxelas — Bruxelles
Gand — Gand
Liège — Liège

Canadá — **Canada**
Quebec — Quebec
Montreal — Montréal *(O "t" não se pronuncia.)*

Argélia — **Algérie**
Algier — Alger

Soletrar
Epeler

A	Anatole	I	Irma	R	Raoul
B	Berthe	J	Joseph	S	Suzanne
C	Célestin	K	Kléber	T	Thérèse
D	Désiré	L	Louis	U	Ursule
E	Eugène	M	Marcel	V	Victor
É	Émile	N	Nicolas	W	William
F	François	O	Oscar	X	Xavier
G	Gaston	P	Pierre	Y	Yvonne
H	Henri	Q	Quintal	Z	Zoé

Pode soletrar, por favor?
Pouvez-vous épeler, s'il vous plaît ?

Pode escrever isso para mim, por favor?
Pouvez-vous me l'écrire, s'il vous plaît ?

Os números
Les chiffres

Números cardinais
Les nombres cardinaux

1	un	40	quarante
2	deux	50	cinquante
3	trois	60	soixante
4	quatre	70	soixante-dix
5	cinq		(*B + CH:* septante)
6	six	71	soixante et onze
7	sept		(*B + CH:* septante et un)
8	huit	72	soixante-douze
9	neuf		(*B + CH:* septante deux)
10	dix	80	quatre-vingts
11	onze		(*CH:* huitante)
12	douze	81	quatre-vingt-un
13	treize		(*CH:* huitante et un)
14	quatorze	90	quatre-vingt-dix
15	quinze		(*B + CH:* nonante)
16	seize	91	quatre-vingt-onze
17	dix-sept		(*B + CH:* nonante et un)
18	dix-huit	100	cent
19	dix-neuf	1 000	mille
20	vingt	10 000	dix mille
21	vingt et un	100 000	cent mille
22	vingt-deux	1 000 000	un million
30	trente		

→•→ *Em francês, os milhares não são separados por pontos, mas por espaços. Por exemplo:*

496 673 / 3 125 347

Os decimais são separados por vírgulas.

2,5	deux virgule cinq
dois quintos	deux cinquièmes

Números ordinais
Les nombres ordinaux

primeiro / primeira	1er/ère	premier/première
segundo(a)	2ème	deuxième, second/e
terceiro(a)	3ème	troisième
quarto(a)	4ème	quatrième
quinto(a)	5ème	cinquième
vigésimo(a)	20ème	vingtième
vigésimo(a) primeiro(a)	21ème	vingt et unième
trigésimo(a)	30ème	trentième

Sinais aritméticos
Signes arithmétiques

+	plus
–	moins
÷	divisé par
x	multiplié par

Data e hora
La date et l'heure

Que dia é hoje?
Nous sommes le combien ?

Hoje é vinte de abril.
Aujourd'hui nous sommes le vingt avril.

10 de maio de 1999...
Le dix mai mil(le) neuf cents quatre-vingt-dix-neuf...
(B + CH: mil neuf cent nonante neuf)

Até 15 de junho...
Jusqu'au 15 juin...

→•→ *Atenção: Diz-se le premier janvier, le premier mai, mas le deux janvier, le trois mai...*

Os dias da semana
Les jours de la semaine

domingo	dimanche
segunda-feira	lundi
terça-feira	mardi
quarta-feira	mercredi
quinta-feira	jeudi
sexta-feira	vendredi
sábado	samedi

Os meses
Les mois

janeiro	janvier
fevereiro	février
março	mars
abril	avril
maio	mai
junho	juin
julho	juillet
agosto	août
setembro	septembre
outubro	octobre
novembro	novembre
dezembro	décembre

Feriados
Jours fériés

1.1.	Ano Novo	le jour de l'An
	Páscoa	Pâques
1.5.	Dia do trabalho	la Fête du travail
8.5.	Festa da Libertação	la Fête de la Libération
	Ascensão	l'Ascension *f*
	Pentecostes	la Pentecôte
	Feriado nacional	la Fête nationale
15.8.	Assunção de Nossa Senhora	l'Assomption *f*
1.11.	Todos os Santos	la Toussaint
11.11.	Armistício	l'Armistice *m*
25.12.	Natal	Noël *m*

Horas
L'heure

Que horas são?
Quelle heure est-il ?

Com licença, senhor / senhora / senhorita. Poderia me dizer que horas são?
Excusez-moi, monsieur/madame/mademoiselle. Pouvez-vous me dire quelle heure il est ?

São três horas.
Il est trois heures.

São três e cinco.
Il est trois heures cinq.

São três e quinze.
Il est trois heures et quart.

São três e meia.
Il est trois heures et demie.

São vinte para as quatro.
Il est quatre heures moins vingt.

São quinze para as quatro.
Il est quatre heures moins le quart.

É meio-dia.
Il est midi.

É meia-noite.
Il est minuit.

Indicadores de tempo
L'emploi du temps

amanhã	demain
anteontem	avant-hier
daqui a dois dias	dans deux jours
daqui a quinze dias	dans quinze jours, dans deux semaines
depois de amanhã	après-demain
desde há dois dias	depuis deux jours
fim de semana	le week-end (Q: la fin de semaine)
há dois anos	il y a deux ans
hoje	aujourd'hui
hoje à noite	ce soir
hoje de manhã	ce matin
manhã	le matin
meio-dia, à tarde	le midi, l'après-midi
noite	la nuit
noite / entardecer	le soir
ontem	hier
próxima semana	la semaine prochaine
próximo mês	le mois prochain
semana passada	la semaine dernière
todas as semanas	chaque semaine

Estreito de Bering / L. do Alaska	165°
Alasca / Taiti	150°
Canadá (Whilehorse)	135°
Canadá (Victoria) / Washington / Oregon / California	120°
Canadá (Edmonton) / Montana / Utah / Arizona	105°
Canadá (Winnipeg) / Dakota / Texas / México	90°
Kentucky / Nova York / Flórida / Peru	75°
Venezuela / E. do Brasil / Bolívia / Chile	60°
Groenlândia / O. do Brasil / Argentina	45°
O. da Groenlândia	30°
Islândia	15° W.L.
Grã-Bretanha / Irlanda / Portugal / Argélia	0°
Europa Central / Chade / Cango / Angola	15° Ö.L.
Europa Oeste / Egito / Sudão / África do Sul	30°
Arábia Saudita / Etiópia / Moçambique / Madagascar	45°
Rússia (Iekaterinburgo) / Irã	60°
Rússia / Casaquistão / Afeganistão / O. do Paquistão	75°
Rússia (Novossibirsk) / Índia / Sri Lanka	90°
Rússia (Irkutsk) / Tailândia / Sumatra / Java	105°
Rússia (Iakútia) / China / L. da Austrália	120°
Rússia (Vladivostok) / Coréia, Japão / Austrália central	135°
Rússia (Sakhalina) / O. da Austrália	150°
Rússia (Kamchatka)	165°
Rússia (Pen. de Chukotski) / Nova Zelândia	180°

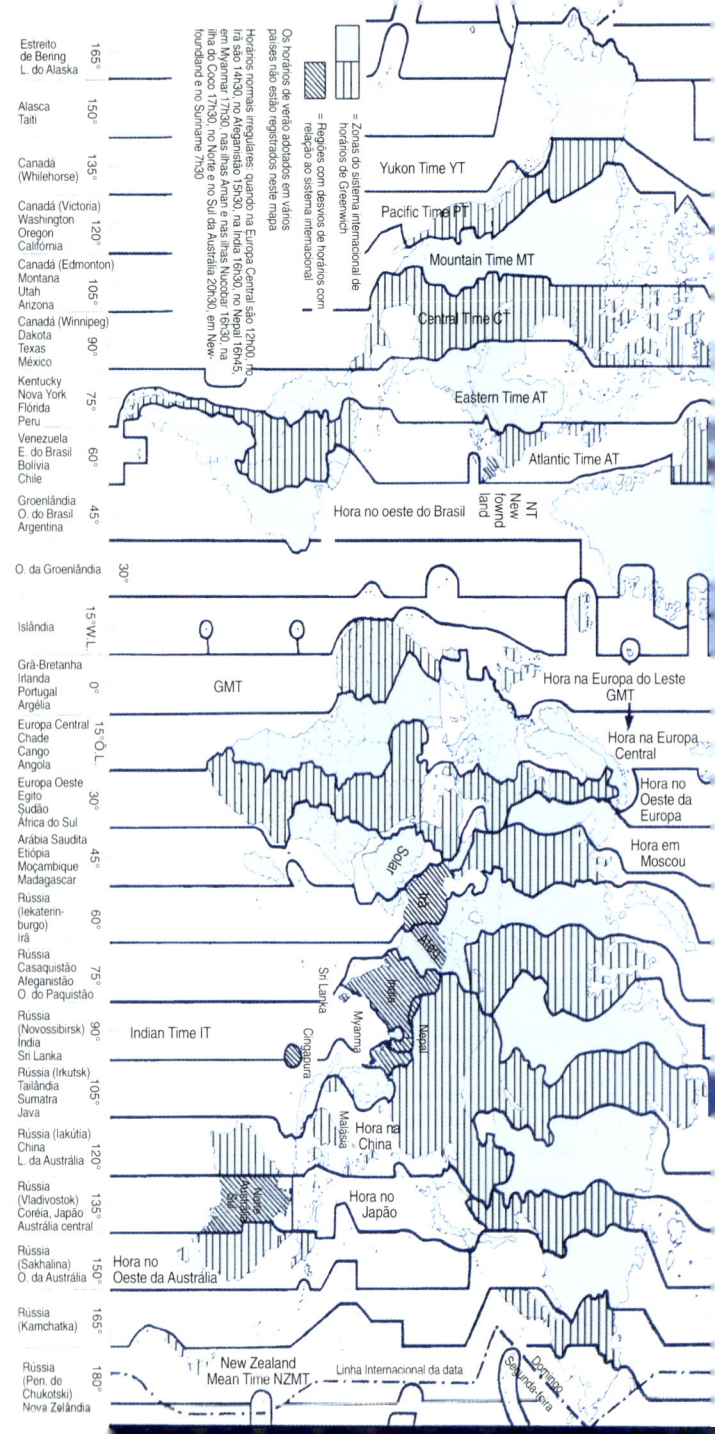

= Zonas do sistema internacional de horários de Greenwich

= Regiões com desvios de horários com relação ao sistema internacional

Os horários de verão adotados em vários países não estão registrados neste mapa

Horários normais irregulares, quando na Europa Central são 12h00, no Irã 1h30, no Afeganistão 15h30, na Índia 16h30, no Nepal 16h45, em Myanmar 17h30, nas ilhas Nicobar 17h30, na Ilha do Coco 17h30, no Norte e na Ilha do Sul da Austrália 20h30, em Newfoundland e no Suriname 7h30

Yukon Time YT
Pacific Time PT
Mountain Time MT
Central Time CT
Eastern Time AT
Atlantic Time AT
NT New found land
Hora no oeste do Brasil

GMT
Hora na Europa do Leste GMT
Hora na Europa Central
Hora no Oeste da Europa
Hora em Moscou

Solar
Sri Lanka
Cingapura
Myanmar
Nepal
Malásia

Indian Time IT
Hora na China
Norte Austrália Sul
Hora no Japão
Hora no Oeste da Austrália
New Zealand Mean Time NZMT
Linha Internacional da data
Domingo
Segunda-feira

Telefonar

Números de telefone
Numéros de téléphone

──•••▶── *Os números de telefone na França em geral se compõem de quatro algarismos, fora o prefixo, divididos de dois em dois, por exemplo:*

01 42 37 24 63
zéro un quarante-deux trente-sept vingt-quatre soixante-trois

──•••▶── *Telefones de emergência na França*

18	bombeiros *(les pompiers)*
17	polícia *(la police)*
15	pronto-socorro, ambulância *(le SAMU, l'ambulance)*
12	informações *(les renseignements)*

──•••▶── *Algumas empresas têm o assim chamado "número verde" (numéro vert), pelo qual pode-se ligar para elas de toda a França, gratuitamente. Em Quebec estes são os números 1-800.*

Perguntar a alguém
Demander quelqu'un

──•••▶── *Nas empresas, as chamadas telefônicas em geral são atendidas dizendo-se o nome da empresa:*
Entreprise X, bonjour. Ou:
Entreprise X, j'écoute.

Em Quebec freqüentemente se atende dizendo:
Puis-je vous aider?

Caso você ligue para a linha direta de seu parceiro comercial, ele atenderá dizendo apenas "Allô?". Isso também ocorre no caso das chamadas para residências.

Alô, eu gostaria de falar com o senhor / a senhora / a senhorita..., por favor.
Allô, je voudrais parler à monsieur/madame/mademoiselle ..., s'il vous plaît.

É ele mesmo / ela mesma.
Oui, lui-même / elle-même.

Um momento, por favor.
Un instant, s'il vous plaît.

Quem deseja falar? / Qual seu nome, por favor?
C'est de la part de qui ? / Vous-êtes Monsieur ... / Madame ... ?

Sou o senhor / a senhora... da empresa...
Je suis monsieur/madame … de l'entreprise …

Aguarde um momento, por favor, vou chamá-lo(a).
Ne quittez pas, je vous le/la passe (Q oft: je vous transfère / communique).

Sinto muito, o sr. / a sra. / a srta. ... não está / está em reunião / está de férias / está doente.
Je suis désolé(e). M./Mme/Mlle… n'est pas là / est en réunion / est en vacances / est malade.

Seu ramal está ocupado.
Son poste est occupé.

Posso ajudá-lo(a)?
Je peux vous renseigner ?

Quer que ele(a) ligue de volta?
Vous voulez qu'il/elle vous rappelle ?

Poderia voltar a ligar, por favor?
Pourriez-vous rappeler, s'il vous plaît ?

Quando posso voltar a ligar?
Quand puis-je le/la rappeler ?

Entrar em contato
Entrer en contact

Aqui fala o senhor / a senhora / a senhorita...
Ici, monsieur/madame/mademoiselle …

Pediram que eu lhe ligasse. / Disseram-me que o senhor / a senhora / a senhorita me ligou.
On m'a dit de vous rappeler. / On m'a dit que vous m'aviez appelé.

O senhor / a senhora / a senhorita me ligou. Do que se trata?
Vous m'avez appelé. De quoi s'agit-il ?

Deixar um recado
Laisser un message

Posso deixar um recado para ele(a)?
Puis-je laisser un message ?

Deseja deixar algum recado?
Voulez-vous laisser un message ?

Poderia lhe dizer que...
Pourriez-vous lui dire que…

Já anotei.
C'est noté.

Qual é seu nome?
Vous êtes monsieur/madame/mademoiselle …

Em que número de telefone poderá encontrá-lo(a)?
A quel numéro peut-on vous joindre ?

Problemas
Problèmes

Desculpe-me, não entendi seu nome.
Excusez-moi, je n'ai pas saisi votre nom.

Não estou ouvindo bem.
Je vous entends mal. ▶▶ **2** *Problemas de compreensão*

A ligação está muito ruim.
La communication est très mauvaise.

Sinto muito, o senhor / a senhora / a senhorita discou errado.
Je regrette, monsieur/madame/mademoiselle, vous faites erreur.

O número discado não existe. / Não há nenhum assinante com esse número.
Le numéro que vous demandez n'est pas attribué. / Il n'y a pas d'abonné au numéro composé.

Secretária eletrônica
Répondeur

Aqui é o sr. X da empresa Y. Por favor, ligue-me durante o dia para o número... Obrigado.
Ici monsieur X de l'entreprise Y. Pourriez-vous me rappeler dans la journée au numéro suivant :…. Merci.

O senhor / A senhora X da empresa Y pede-lhe para enviar... Obrigado(a).
Monsieur/Madame X, de l'entreprise Y, vous prie de bien vouloir lui envoyer … . Merci.

cabine telefônica	la cabine téléphonique
cartão de telefone	la carte de téléphone
central telefônica	le central, le standard
chamada de conferência	le multiplex
chamada urgente	l'appel *m* d'urgence
comunicar-se	joindre (quelqu'un)
deixar um recado	laisser un message
discar o número	composer le numéro
dizer, transmitir	dire, transmettre
e-mail	le message électronique, le mail
enganar-se de número	se tromper de numéro, faire erreur
informações	les renseignements *m*
interlocutor	le/la correspondant/e
levantar o fone	décrocher
ligação	la communication
ligar	passer (Q: communiquer) (quelqu'un)
linha direta	la ligne directe; *(Apparat)* le poste
lista telefônica	l'annuaire *m*
minitel (F)	le minitel ®
número de telefone	le numéro de téléphone
ocupado	occupé
páginas amarelas	les pages *f* jaunes
prefixo	l'indicatif *m*
responder	répondre
retornar a ligação	rappeler
telefonar	appeler
voltar a ligar	rappeler
telefone celular	le téléphone portable (Q: le cellulaire)
telefonema	l'appel *m* téléphonique
unidade	l'unité *f*
videoconferência	la vidéoconférence

Preparativos de viagem

Marcar encontro
Rendez-vous

—●●→ *Ao marcar um encontro, lembre-se de que o horário de expediente varia de um país para outro. As reuniões na França não costumam ser marcadas para muito cedo, a não ser em casos de urgência. Também é preciso levar em conta que as refeições francesas costumam ser demoradas, sendo necessário, portanto, prever um horário de almoço bastante extenso.*

Nas Bélgica e na Suíça a jornada de trabalho costuma iniciar-se mais cedo do que na França, em geral por volta das 8h30.

Em Quebec o expediente também começa cedo, e é muito comum marcar reuniões de trabalho para a hora do café da manhã. O horário de almoço em geral também é curto, sendo muito comuns os convites para jantares de negócios em restaurantes.

Eu gostaria de marcar um encontro com o senhor / a senhora...
Je voudrais prendre rendez-vous avec monsieur/madame…

O senhor / A senhora está livre na próxima terça-feira?
Vous êtes libre mardi prochain ?

—●●→ *Em geral os franceses definem os encontros pela semana do mês, ou seja, na primeira, segunda, terceira ou quarta semana do mês. Por exemplo:*

dans la 1ère semaine de juin, dans la dernière semaine de juin

Na segunda-feira, três de fevereiro, estaria bem?
Le lundi 3 février, ça vous va / convient ?

Infelizmente já tenho um compromisso.
Malheureusement, je suis déjà pris(e).

Sinto muito. Não estarei livre.
Je suis désolé(e). Je ne suis pas libre.

Dia 4 de março está bem? ▶▶ **2** *Data e hora*
Le 4 mars, ça vous va ?

Preciso ver na minha agenda.
Je dois regarder dans mon agenda.

E a que horas?
Et à quelle heure ?

Estaria bem às 15 horas?
Ça vous conviendrait à 15 heures ?

Vamos marcar para as 15 horas no meu escritório.
Disons à 15 heures dans mon bureau.

Está combinado.
D'accord.

Ótimo.
Très bien.

Então nos encontraremos no dia 4 de março às 15 horas.
Alors nous nous rencontrerons le 4 mars à 15 heures.

Gostaria de adiar / adiantar nosso encontro.
Je voudrais reporter / avancer notre rendez-vous.

Desculpe-me, mas infelizmente não posso.
Excusez-moi, mais j'ai malheureusement un empêchement.

Peço que me desculpe, mas preciso cancelar meu encontro.
Je vous prie de m'excuser mais je dois annuler mon rendez-vous.

Como se vestir?
Comment s'habiller ?

→••→ *Os franceses, os belgas, os suíços e os africanos dão muita importância à aparência. O melhor será usar sempre uma roupa clássica e discreta, para evitar gafes ou constrangimentos. Os homens poderão usar terno ou conjunto de calça e paletó com gravata; as mulheres deverão evitar calça comprida.*

Em Quebec, sobretudo no inverno, as mulheres costumam usar conjuntos e terninhos com calça comprida.

Confirmação
Confirmation

→••→ Atenção: diz-se visiter quelque chose — visitar alguma coisa — mas rendre visite à quelqu'un — visitar alguém.

Estou telefonando para confirmar nosso encontro para o dia...
Je vous appelle pour confirmer notre rendez-vous pour le…

Como se faz para chegar do aeroporto ao seu escritório?
De l'aéroport, comment fait-on pour arriver à vos bureaux ?

O melhor é tomar...
Le mieux est de prendre…

Vou buscá-lo(a) no aeroporto.
Je viens vous chercher à l'aéroport.

Obrigado(a), mas não é preciso.
Je vous remercie mais ce n'est vraiment pas nécessaire.

É muita gentileza sua.
C'est très gentil / aimable de votre part.

Quer que reservemos um quarto para o senhor? / a senhora?
Est-ce que nous réservons une chambre pour vous ?

Quanto tempo irá ficar?
Combien de temps allez-vous rester ?

Reservamos um quarto para o senhor / a senhora no hotel...
Nous vous avons réservé une chambre à l'hôtel ...

Reserva de passagem aérea ▶▶ 5 *Avião*
Réservation d'une place d'avion

Gostaria de reservar uma passagem de avião para...
Je voudrais réserver une place d'avion pour...

Para quando?
Pour quand ?

Primeira classe ou *business class*?
Première classe ou classe affaires ?

Só ida ou ida e volta?
Un aller simple ou un aller retour ?

Tem vôo de manhã / à noite?
Y a-t-il un vol le matin / le soir ?

A que horas sai o avião? ▶▶ 2 *Horas*
A quelle heure part l'avion ?

A que horas chega o avião?
A quelle heure arrive l'avion ?

Às 10 horas, horário local.
A 10 heures, heure locale.

O vôo é direto?
Est-ce que le vol est direct ?

Não. Há uma conexão para... às 8 horas.
Non. Il y a une correspondance pour... à 8 heures.

Quanto custa uma passagem de ida / ida e volta?
Combien coûte un aller simple / un aller retour ?

Há alguma tarifa especial?
Est-ce qu'il y a un tarif spécial ?

Vou pagar com cartão de crédito.
Je paye avec une carte de crédit.

Reserva de quarto de hotel ▶▶ **6** *Hospedagem*
Réservation d'une chambre d'hôtel

Eu gostaria de reservar um quarto / quarto simples / quarto duplo.
Je voudrais réserver une chambre / chambre simple / chambre double.

Um quarto com cama de casal ou duas camas?
Une chambre avec un grand lit ou à deux lits ?

Com ducha ou banheiro completo?
Avec douche ou avec bain ?

Para quantas noites?
Pour combien de nuits ?

para... noites
pour … nuits

para o dia 7 de outubro
pour le 7 octobre

Pode confirmar por fax, por favor?
Pouvez-vous confirmer par télécopie / par fax, s.v.p. ?

O café da manhã está incluído no preço?
Le petit-déjeuner est-il compris dans le prix ?

Infelizmente preciso mudar / cancelar minha reserva.
Je dois malheureusement changer / annuler ma réservation.

Vou chegar um dia antes / depois.
J'arriverai un jour plus tôt / plus tard.

Há salão de conferência no hotel?
Y a-t-il une salle de conférences dans l'hôtel ?

Os senhores têm serviço de secretaria?
Avez-vous un service de secrétariat ?

A caminho

Avião ▶▶ 4 *Reserva de passagem aérea*

Avions

──●●▶── *Ao chegar ao maior aeroporto parisiense, o Charles de Gaulle, que fica em Roissy, a cerca de 30 km do centro, pode-se tomar um táxi para chegar à cidade. Mas há outras possibilidades, como por exemplo:*

	Ônibus da Air France	*Ônibus RATP*	*RER*
Ponto final	Étoile	Opéra	Linha B3
Tempo de trajeto	35 – 50 min.	45 min.	20 min.
Freqüência	cada 12 min.	cada 15/20 min.	cada 15 min.

Onde é o balcão da Air France?
Où se trouve le comptoir Air France ?

Sua passagem, por favor.
Votre billet, s'il vous plaît ?

Fumante ou não-fumante?
Fumeur ou non-fumeur ?

Se for possível, gostaria de um lugar na janela / no corredor.
Si c'est possible, j'aimerais une place côté fenêtre / côté couloir.

Coloque sua bagagem aqui, por favor.
Voulez-vous mettre vos bagages ici ?

Quanto custa o excesso de bagagem?
Combien coûte l'excédent ?

Preciso pagar algum acréscimo?
Dois-je payer un supplément ?

Seu cartão de embarque, por favor.
Votre carte d'embarquement, s'il vous plaît.

Quando sai o avião?
Quand part l'avion ?

A decolagem será às 6 e meia.
Le décollage est à six heures trente.

De quanto será o atraso?
Il faut compter combien de retard ?

Minha mala está danificada.
Ma valise est endommagée.

Não encontrei minha bagagem.
Je n'ai pas retrouvé mes bagages.
Perdi o avião. Quando sai o próximo vôo para...?
J'ai raté mon avion. Quand part le prochain avion pour... ?

Anúncios
Annonces

Os passageiros do vôo... com destino a... são convidados a... / devem apresentar-se no portão...
Les passagers du vol ... à destination de ... sont invités à / priés de se présenter porte ...
Última chamada para o vôo... com destino a... (embarque imediato, portão...)
Dernier appel pour le vol ... à destination de ... (Embarquement immédiat, porte ...)

avião	l'avion *m*
atraso	le retard
bagagem de mão	le bagage à main
carrinho de bagagens	le chariot
chamada	l'appel *m*
última chamada	dernier appel
chegada	l'arrivée *f*
decolagem	le départ, le décollage
embarcar	embarquer
escala	l'escale *f*
excesso de bagagem	l'excédent *m* de bagages
fazer o *check-in*	se faire enregistrer
ônibus do aeroporto	la navette
ponto de encontro	le point de rencontre
portão de embarque	la porte d'embarquement
previsto	prévu
registro das bagagens	l'enregistrement *m* des bagages
sala de embarque	le hall des départs
taxa de aeroporto	la taxe de sécurité (Q: d'aéroport)
terminal	le terminal
vôo doméstico	le vol intérieur
vôo internacional	le vol international

Controle de passaportes
Contrôle des passeports

Aqui está minha carteira de identidade / meu passaporte.
Voici ma carte d'identité / mon passeport.
Quanto tempo vai ficar aqui?
Combien de temps allez-vous rester ici ?

Vou ficar duas semanas.
Je reste deux semaines.

Estou em viagem de negócios.
Je suis ici en voyage d'affaires.

Pode passar.
Vous pouvez passer.

Alfândega
Douane

Tem alguma coisa para declarar?
Vous avez quelque chose à déclarer ?

Não tenho nada para declarar.
Je n'ai rien à déclarer.

São coisas pessoais.
Ce sont des affaires personnelles.

São presentes / amostras.
Ce sont des cadeaux/des échantillons.

Quantos... temos direito a levar?
Combien de … a-t-on le droit de passer ?

Preciso declarar estes...
Je dois déclarer ces…

Preciso pagar taxa de alfândega?
Est-ce que je dois payer des droits de douane ?

a declarar	à déclarer
chegada	l'arrivée *f*
cidadãos da União Européia	les ressortissants *m* de l'Union européenne
controle alfandegário	le contrôle de douane
declaração alfandegária	la déclaration de douane
fronteira	la frontière
funcionário/a da alfândega	le douanier
isento de taxa	en franchise
mercadoria a declarar	la marchandise à déclarer
passagem pela alfândega	le passage en douane
saída	la sortie
serviço de alfândega	le service des douanes
taxa de exportação	la taxe d'exportation
taxa de importação	la taxe d'importation

Trens
Trains

◆●●▶ *As estações parisienses*
Em Paris não há uma única estação ferroviária principal, mas várias grandes estações. De cada uma delas partem os trens para uma determinada direção. Portanto, fazer uma conexão pode ser um pouco demorado, pois implica tomar o metrô para ir de um ponto a outro da cidade. Em cada estação ferroviária há uma estação de metrô.

Gare de l'Est:	*trens que vão para leste*
Gare du Nord:	*trens que vão para o norte*
Gare de Lyon:	*trens que vão para o sul e sudeste*
Gare d'Austerlitz:	*trens que vão para o sul*
Gare Montparnasse:	*trens que vão para o oeste e sudoeste*
Gare St. Lazare:	*trens que vão para o oeste e a Normandia*

Para não ser considerado passageiro "clandestino", autentique seu bilhete, carimbando-o nas máquinas automáticas localizadas na entrada de acesso às plataformas.

Ao comprar uma passagem de trem, você poderá reservar um carro de aluguel, que estará à sua espera na estação de destino.

Nos trens de alta velocidade, TGV, que levam, por exemplo, apenas duas horas para fazer o trajeto de Paris a Lyon, há serviço de telefone e fax. Podem-se também reservar cabines especiais para reuniões de trabalho. Os TGV são mais caros do que os trens comuns, e para viajar neles é preferível comprar a passagem e reservar o lugar com antecedência.

Eu gostaria de comprar uma passagem para..., por favor.
Je voudrais un billet pour…, s.v.p.

Quanto custa uma passagem / uma ida / uma ida e volta para...?
Combien coûte un billet / un aller / un aller retour pour… ?

Existe algum desconto?
Y a-t-il des réductions ?

Preciso pagar algum acréscimo?
Dois-je payer un supplément ?

De que plataforma sai o trem?
De quel quai part le train ?

Este é o trem para...?
C'est bien le train pour… ?

▸•• ▸ *Em Quebec o transporte ferroviário é relativamente pouco usado, dando-se preferência aos ônibus interurbanos.*

O trem pára em...?
Est-ce que le train s'arrête à... ?

Acabei de perder meu trem.
Je viens de rater mon train.

Quando sai o próximo trem para...?
Quand part le prochain train pour... ?

Quando ele chega a...?
Quand arrive-t-il à... ?

Onde devo fazer baldeação?
Où dois-je changer ?

Este lugar está livre / ocupado?
Est-ce que cette place est libre/occupée ?

1ª/2ª classe	première/deuxième classe
bilheteria automática	la billetterie automatique
cabine	le compartiment
carimbar	composter
carrinho de bagagens	le chariot
chegada	l'arrivée *f*
corredor	le couloir
correspondência	une correspondance
descer	descendre
estação	la gare
fumante / não-fumante	fumeur / non-fumeur
guarda-volumes	la consigne
guichê	le guichet
horário	l'horaire *m*
linha	la voie
linhas de subúrbio	les lignes *f* de banlieue
linhas principais	les grandes lignes *f*
lugar na janela	la place côté fenêtre
máquina de carimbar	la machine à composter
parada	l'arrêt *m*
plataforma	le quai
reserva	la réservation
saída	le départ
subir	monter
trem de alta velocidade	le TGV (Train à grande vitesse)
vagão-restaurante	le wagon-restaurant

Carros de aluguel
Voitures de location

Eu gostaria de alugar um automóvel.
Je voudrais louer une voiture.

Qual é o preço por dia / por semana / por quilômetro?
Quel est le prix à la journée / à la semaine / au kilomètre ?

A quilometragem é ilimitada?
Est-ce que le nombre de kilomètres / le kilométrage est illimité ?

O que o seguro cobre?
L'assurance couvre quoi ?

É preciso deixar um depósito?
Est-ce qu'il faut laisser une caution (Q: un dépôt) ?

Aqui estão minha carteira de motorista e meu passaporte.
Voici mon permis de conduire et mon passeport.

É preciso devolver o automóvel aqui?
Est-ce qu'il faut rapporter la voiture ici ?

Eu gostaria de entregar o automóvel em...
Je voudrais rendre la voiture à...

Estradas e trânsito ▸▸ **17** *Acidente de trânsito e pane*
Routes et circulation

a rua, a estrada	la rue, la route
acidente	l'accident *m*
área de descanso	l'aire *f* de repos
caminhão	le camion
centro da cidade	le centre-ville
congestionamentos	les embouteillages *m*
controlador automático	l'horodateur *m*
cruzamento	le carrefour
desvio	la déviation
estacionamento	le parking (Q: le stationnement)
estacionamento coberto	le parking (couvert)
estacionar	garer, stationner
gasolina	l'essence *f*
comum	l'ordinaire *f*
especial	le super
gasolina sem chumbo	l'essence *f* sans plomb
diesel	le gazole, le gas-oil
horário de pico	les heures *f* d'affluence / de pointe
locação de automóveis	la location de voitures
mapa rodoviário	la carte routière
obras	les travaux *m*
oficina mecânica	le garage
pane	la panne
parquímetro	le parcmètre

pista	la voie
ponte	le pont
posto de gasolina	la station-service
rodovia	l'autoroute f
com pedágio	à péage
rua de mão única	la rue à sens unique
seguro	l'assurance f
seguro de responsabilidade civil	l'assurance responsabilité civile
seguro de passageiros	l'assurance passagers
semáforo	le feu
tíquete	le ticket

Sinalização das estradas
Signalisation routière

Allumez vos feux	acendam os faróis
Déviation	desvio
Ralentir	diminua a velocidade
Payant	estacionamento pago
Stationnement interdit	estacionamento proibido
Serrez à droite	mantenha-se à direita
Péage	pedágio
Danger	perigo
Priorité	prioridade
Vous n'avez pas la priorité	a prioridade não é sua
Sortie	saída
Véhicules lents	veículos lentos

Táxi
Taxis

→●●→ *Em Paris, não é em qualquer lugar que os táxis podem parar atendendo ao sinal do passageiro. Há locais definidos para isso. Na França e na Bélgica é praxe dar uma gorjeta de cerca de 10% para o motorista, no final da corrida. Na Suíça esse acréscimo está embutido no preço.*

Onde posso encontrar um táxi?
Où puis-je trouver un taxi ?

Há algum ponto de táxi perto daqui?
Est-ce qu'il y a une station de taxis près d'ici ?

Eu gostaria de reservar um táxi para as 6 horas.
Je voudrais commander un taxi pour 6 heures.

Por favor, poderia me mandar um táxi à rue de la Paix 124?
Pouvez-vous m'envoyer un taxi, au 124 rue de la Paix, s.v.p. ?

Para a estação, por favor.
A la gare, s.v.p.

Quero ir até a rue de Provence, por favor.
Je voudrais aller rue de Provence, s.v.p.

Estou com pressa.
Je suis pressé(e).

Poderia me esperar um pouco, por favor?
Pouvez-vous m'attendre quelques instants, s.v.p.

Deixe-me aqui, por favor
Laissez-moi là, s.v.p.

Quanto foi?
Je vous dois combien ?

Eu gostaria de uma nota / um recibo, por favor.
Je voudrais une facture / un reçu, s'il vous plaît.

Obrigado(a), é para o senhor / a senhora.
Merci, c'est pour vous.

Ônibus e metrô ▶▶ 5 *Trens*
Bus et métro

▬●●▶ Paris e cidades grandes como Lyon e Marseille têm rede de metrô. Em Paris o metrô funciona das 5h30 até 1h00. A RER (Réseau Express Régional) é uma rede expressa de trens, tipo metrô, que liga bairros e cidades da periferia ao centro de Paris.

Em Paris, para andar de metrô usa-se apenas um bilhete para cada deslocamento, mesmo que seja preciso fazer baldeação. Os bilhetes podem ser comprados nas bilheterias das próprias estações ou em algumas tabacarias e bancas de jornal. Há bilhetes avulsos, conjuntos de dez bilhetes *(carnet de dix)*.

Os mesmos bilhetes do metrô urbano valem para os ônibus. Dependendo da distância que se for percorrer de ônibus, serão necessários dois bilhetes. Para sair do limite urbano da cidade os bilhetes são outros, um pouco mais caros. Ao entrar nos ônibus, não se esqueça de autenticar seu bilhete na máquina automática que, em geral, se encontra logo atrás do motorista.

Para uma permanência mais longa em Paris, vale a pena comprar um passe turístico *("Paris visite")*, para 2, 3 ou 5 dias, com o qual se pode utilizar toda a rede de metrô e ônibus. Há também a *"Carte orange"*, a melhor alternativa para permanências longas, que vale por uma semana ou um mês. Esta, no entanto, só poderá ser comprada no correio.

Por favor, onde fica o ponto do ônibus... / a estação de metrô mais próxima?
Où se trouve l'arrêt du bus ... / la station de métro la plus proche ?

De quanto em quanto tempo passa o ônibus?
Il y a des bus tous les combien ?

Que ônibus devo tomar para ir até...?
Quel bus dois-je prendre pour aller à… ?

Este ônibus vai até...?
Est-ce que ce bus va à… ?

Um bilhete, por favor.
Un ticket, s'il vous plaît.

O senhor passa perto de...?
Vous passez près de… ?

Onde devo descer / trocar de ônibus?
Où dois-je descendre / changer ?

Pode me avisar quando chegarmos?
Vous pouvez me prévenir (Q: m'avertir) quand nous arriverons ?

Que direção devo tomar para ir à Concorde?
Quelle direction faut-il prendre pour aller à Concorde ?

→→→ *Para se orientar no metrô, você poderá consultar as plantas que existem nas plataformas ou perto das entradas das estações.*

Tome a direção Défense.
Prenez la direction Défense.

Onde devo trocar de metrô para ir a Austerlitz?
Où faut-il changer pour aller à Austerlitz ?

bilhete	le ticket
carnê	le carnet (Q: la lisière)
bilhete integração para uma / duas / três seções	la carte pour une/deux/trois… zones
entrada	l'entrée *f*
estação final	le terminus
fiscal	le receveur, le contrôleur
parada	l'arrêt *m*
sinal de alarme	le signal d'alarme
passe para um dia	le billet touristique (pour une journée)
passe semanal	la carte hebdomadaire; *in Paris:* la Carte Orange
passe turístico	le billet touristique; *in Paris:* la carte «Paris Visite» (pour deux / trois / cinq jours)

Hospedagem ▶▶ **4** *Reserva de quarto de hotel*

▸•• ▶ *Na França há as seguintes categorias de hotéis:*

- Hôtel: 4 categorias = até 4 estrelas
- Château-hôtel: "Hotel-castelo", 4 estrelas, em geral em alguma construção histórica.
- Logis de France: 1 a 2 estrelas
- Relais de tourisme: no interior
- Relais de campagne: muito simples, no interior
- Relais routier: hotéis simples, à beira das estradas

Na França existem muitas redes hoteleiras, abrangendo hospedagens de todas as categorais.

Na recepção
A la réception

Reservei um quarto em nome de...
J'ai réservé une chambre au nom de…

Seu quarto é o 252, no segundo andar.
Vous avez la chambre 252, au deuxième étage.

Poderia preencher este formulário / esta ficha, por favor?
Pouvez-vous remplir ce formulaire / cette fiche, s.v.p. ?

Posso ver seu passaporte, por favor?
Je peux voir votre passeport, s.v.p. ?

O café da manhã é servido das... às...
Le petit-déjeuner est servi de… à…

Pode mandar subir minhas bagagens, por favor?
Pouvez-vous faire monter mes bagages, s.v.p. ?

Onde posso estacionar o carro?
Où est-ce que je peux garer / stationner ma voiture ?

Gostaria de ficar uma noite a mais.
Je voudrais rester une nuit de plus.

Infelizmente o hotel está lotado.
L'hôtel est malheureusement complet.

Serviços
Services

Poderia me acordar amanhã de manhã, às 6 horas, por favor?
Pouvez-vous me réveiller demain matin à 6 heures, s.v.p.?

É possível mandar um telegrama / um fax daqui?
Est-il possible d'envoyer une télécopie / un fax d'ici ?

Alguém deixou algum recado para mim?
Est-ce que quelqu'un a laissé un message pour moi ?

Qual é o número de seu quarto?
Quel est votre numéro de chambre ?

Estou esperando um telefonema. Poderia me chamar, por favor? Estou no bar.
J'attends un coup de téléphone. Pouvez-vous m'appeler, s.v.p. ? Je suis au bar.

Vocês têm cofre?
Vous avez un coffre ?

Gostaria de tomar café da manhã no quarto. ▶▶ **7** *Café da manhã*
Je voudrais prendre mon petit-déjeuner dans ma chambre.

Poderia chamar um táxi para mim, por favor?
Pouvez-vous m'appeler un taxi, s.v.p.?

Problemas
Problèmes

O quarto é muito barulhento / muito pequeno.
La chambre est trop bruyante / trop petite.

Gostaria de um outro quarto.
J'aimerais une autre chambre.

Poderia me arrumar mais um cobertor?
Pourrais-je avoir une autre couverture ?

O ar-condicionado / A tomada não está funcionando.
La climatisation (Q: L'air climatisé) / La prise électrique ne marche pas.

O chuveiro está com vazamento.
La douche coule.

A pia está entupida.
Le lavabo est bouché.

Pode mandar consertar, por favor?
Vous pouvez le/la réparer, s.v.p. ?

Pode me mandar alguém aqui imediatamente, por favor?
Est-ce que vous pouvez m'envoyer quelqu'un tout de suite, s.v.p. ?

Já lhe disse duas vezes que...
Je vous ai déjà signalé deux fois que…

Gostaria de falar com o gerente.
Je voudrais parler au directeur.

Partida
Départ

A que horas é preciso desocupar o quarto?
A quelle heure doit-on libérer la chambre ?

Poderia fechar minha conta?
Pourriez-vous me préparer ma note ?

O senhor / A senhora usou o frigobar?
Vous avez utilisé le minibar ?

Como deseja pagar?
Comment désirez-vous payer ?

em dinheiro / com cartão de crédito / em cheque.
en liquide (comptant) / avec une carte de crédit / avec un chèque

A conta será paga pela minha empresa.
La facture sera réglée par mon entreprise.

Desculpe-me, mas há um erro.
Excusez-moi, mais il y a une erreur.

O senhor / A senhora contou dez noites em vez de uma.
Vous avez compté deux nuits au lieu d'une.

Posso deixar minha bagagem aqui por algumas horas?
Est-ce que je peux vous laisser mes bagages pour quelques heures ?

adaptador	l'adaptateur *m*
ar-condicionado	la climatisation
banheira	la baignoire
banheiro	la salle de bains
bufê de café da manhã	le buffet du petit-déjeuner
cabide	le cintre
cama de solteiro / cama de casal	le lit pour une personne / pour deux personnes
camareira	la femme de chambre
cofre	le coffre, le coffre-fort
colchão	le matelas
chuveiro	la douche
edredom	l'édredon *m*

espelho	le miroir
estacionamento	le parking
interruptor	l'interrupteur m
lavanderia	la blanchisserie, le pressing (Q: le nettoyeur)
lençol	le drap
passar a ferro	repasser
recepção	la réception
recepcionista	le/la réceptionniste
sala de reuniões	la salle de réunion
secador de cabelo	le sèche-cheveux, le séchoir
porteiro (da noite)	le portier (de nuit)
toalete	les toilettes f
toalha de mão	la serviette
tomada	la prise
travesseiro	l'oreiller m

Gastronomia

▸•••▸ Os franceses têm predileção por marcar encontros em cafés e restaurantes para conversar. Assim, seus parceiros comerciais certamente irão apreciar um convite para almoçar, mas só se tratará de negócios no final da refeição — *"entre la poire et le fromage"* — literalmente, entre a pêra e o queijo.

Reserva
Réservation

▸•••▸ Mas onde almoçar? No restaurante, é claro, porém existem outros tipos de locais em que se pode fazer uma refeição:

▸ *le bar:* aqui, ao lado de bebidas, pode-se pedir um prato do dia *(le plat du jour)* ou pratos leves, escolhidos em geral num cardápio limitado.

▸ *la brasserie:* originalmente eram cervejarias. Hoje pode-se comer muito bem nesse tipo de estabelecimento, sendo que muitos deles, como a Brasserie Lipp em Paris, já se tornaram internacionalmente conhecidos.

▸ *le café:* nesse tipo de local pode-se tomar café da manhã e, durante todo o dia, sanduíches e, muitas vezes, também refeições leves e um prato do dia.

▸ *la crêperie:* narturalmente, a especialidade desses locais são *crêpes*.

▸ *l'hostellerie, la rôtisserie:* de modo geral, são locais de cozinha muito refinada.

Para um almoço de negócios, convém escolher um restaurante ou alguma boa *brasserie*. Funcionários de empresas em geral dão preferência a *bars, brasseries, crêperies* e restaurantes que aceitem tíquetes-refeição, fornecidos pelas empresas que não dispõem de refeitório.

Eu queria reservar uma mesa para 4 pessoas.
J'aimerais réserver une table pour 4 personnes.

para o dia 8 de agosto
pour le 8 août

às 13 horas
pour 13 heures

em nome de Aubert.
Au nom de Aubert.

▸•••▸ Ao entrar num restaurante, não vá direto para uma mesa de sua escolha. Espere alguém vir a seu encontro para lhe indicar um lugar que esteja disponível.

Fazer o pedido
Commande

→→→ *Na França costuma-se almoçar entre meio-dia e 14h00. Em geral a refeição se compõe de três pratos: entrada, prato principal e queijo ou sobremesa. Para isso, reserve um bom tempo!*

Garçom, por favor! / Por favor!
Monsieur, s'il vous plaît ! / S'il vous plaît !

Pode me dar o cardápio / a carta de vinhos, por favor?
Je peux avoir la carte / la carte des vins, s.v.p. ?

O senhor / A senhora escolheu?
Vous avez choisi ?

Ainda não resolvi.
Je n'ai pas encore décidé.

Qual é o prato do dia? / Qual é a especialidade da região?
Quel est le plat du jour ? / Quelle est la spécialité régionale ?

O que é "bouillabaisse"?
Qu'est-ce que c'est la « bouillabaisse » ?

O que nos recomenda?
Qu'est-ce que vous nous recommandez ?

De entrada / Legumes / De sobremesa, vou querer...
Comme entrée / Comme légumes / Comme dessert, je prends...

→→→ *Em geral só depois de resolver o que se vai comer é que se pedem as bebidas, para que elas combinem bem com os pratos escolhidos.*

O que deseja beber?
Que désirez-vous boire ?

Vamos tomar um vinho da Borgonha?
Nous prenons un bourgogne ?

Uma / Meia garrafa de... / Um copo de..., por favor.
Une (demi-)bouteille de... / Un verre de..., s'il vous plaît.

→→→ *Na França, junto com a refeição servem-se pão e, também, uma garrafa de água — de graça, pois é de torneira.*

Modos de preparo
Les préparations

assado	rôti/e au four
cozido	bouilli/e
cozido no vapor / estufado	cuit/e à la vapeur / à l'étuvée
frito	frit/e à la poêle
gratinado, suflê	le gratin, le soufflé
grelhado	grillé/e
marinado	mariné/e

La carte

Petit-déjeuner

café
  café crème
  café au lait
thé (au citron / au lait)
jus d'orange
petit pain
pain (tartine/tranche)
croissant
rôtie (Q)
biscotte
céréales
beurre
œuf
  œuf à la coque
confiture
miel
sirop d'érable (Q)
fromage
saucisson

Entrées

escargots
pâté
potage de légumes
soupe à l'oignon
crudités

Spécialités régionales

aïoli
bœuf bourguignon
bouillabaisse
cassoulet

choucroute au Riesling

crêpes, galettes

fondue bourguignonne
légumes à la normande
poisson à la basquaise

soles à la normande

Cardápio

Café da manhã

café
  café com leite
  pingado
chá (com limão /com leite)
suco de laranja
pãozinho
pão (com manteiga / fatia)
croissant
pão torrado
torrada
cereais
manteiga
ovo
  ovo quente
geléia
mel
xarope de bordo
queijo
salame

Entradas

escargots
patê
sopa de legumes
sopa de cebola
salada crua

Especialidades regionais

maionese de alho *(Provença)*
carne ao vinho tinto *(Borgonha)*
sopa de peixe *(Marselha)*
cozido de feijão branco com carnes e lingüiças *(Toulouse)*
chucrute com carne de porco e embutidos *(Alsácia)*
crepes, bolachas amanteigadas *(Bretanha)*
fondue de carne *(Borgonha)*
legumes gratinados *(Normandia)*
peixe com tomate, páprica, cebola, alho e pimentão *(País basco)*
linguado ao vinho branco, creme, cogumelos e mariscos *(Normandia)*

Viandes et volailles	**Carnes e aves**
agneau	carneiro
gigot d'agneau	pernil de carneiro
bœuf	carne de vaca
entrecôte	contrafilé
filet	filé
steak	bife
bleu	quase cru
saignant	malpassado
à point	ao ponto
bien cuit	bem passado
chevreuil	cabrito
porc	porco
côtelette de porc	costela de porco
sanglier	javali
veau	vitela
blanquette de veau	fricassê de vitela
escalope de veau	escalope de vitela
brochette de viande	espetinho
saucisse	lingüiça
canard	pato
dinde	peru
faisan	faisão
oie	ganso
poulet	frango
poulet rôti	frango assado

Poissons et fruits de mer	**Peixes e frutos do mar**
colin	merluza
daurade	dourado
lotte	lota
saumon	salmão
sole	linguado
truite	truta
à la meunière	à meunière
au court-bouillon	ensopada
filet de ...	filé de
frit/e	frita
pané/e	à milanesa
crabe	caranguejo
crevettes	camarões
homard	lagosta
huîtres	ostras
langoustines	lagostins
tourteau	tartaruga

Légumes

ail
asperges
carottes
champignons
chou
chou de Bruxelles
chou-fleur
courgettes
endives
épinards
haricots
haricots verts
maïs (Q: blé d'Inde)
oignons
petits pois
poivron
pommes de terre
pommes nature
tomates

riz

Fromage

Desserts

crème au caramel
fruits
   cerises
   fraises
   pêches
   poires
   pommes
   raisins
gâteau
glace
salade de fruits
tarte aux fruits
tarte au sucre (Q)

Carte des vins

Vin
blanc
rouge
rosé
doux
sec
léger

Legumes

alho
aspargo
cenoura
cogumelo
repolho
couve-de-bruxelas
couve-flor
abobrinha
endívia
espinafre
feijão
vagem
milho
cebola
ervilha
pimentão
batata
batata cozida
tomate

arroz

Queijo

Sobremesas

pudim de leite
frutas
   cereja
   morango
   pêssego
   pêra
   maçã
   uva
bolo
sorvete
salada de fruta
torta de frutas
torta açucarada

Carta de vinhos

Vinho
branco
tinto
rosé
suave
seco
leve

Alguns vinhos franceses:

Bordeaux	**Bordeaux**
Médoc, Graves, Pomerol	tintos leves, de sabor forte
Entre-deux-mers, Graves	brancos
Bourgogne	**Borgonha**
Chablis, Chardonnay, Montrachet, Pouilly-Fuissée	brancos
Capiteux	tinto, acompanha pratos muito condimentados
Beaujolais	tintos leves
Vins de la Loire	**Região do Loire**
Muscadet, Sancerre	brancos
Anjou	rosé
Vins d'Alsace	**Alsácia**
Riesling, Gewürztraminer	brancos
Côtes du Rhône	**Região do Ródano**
Châteauneuf-du-Pape, Hermitage, Côtes du Rhône Villages	tintos

Os vinhos brancos e rosés são servidos gelados. Os tintos, com exceção dos Beaujolais, são servidos à temperatura ambiente.

Apéritifs	**Aperitivos**
pastis	pastis
porto	vinho do Porto
vin cuit	vinho licoroso
whisky	uísque
avec/sans glaçons	com / sem gelo
Digestifs	**Digestivos**
armagnac	armanhaque
calvados	calvados
cognac	conhaque
Bière	**Cerveja**
bière pression	chope
Boissons sans alcool	**Bebidas sem álcool**
eau minérale	água mineral
gazeuse	com gás
plate	sem gás
jus de fruit	suco de fruta
jus d'orange	suco de laranja
jus de pamplemousse	suco de grapefruit
jus de pomme	suco de maçã

Apreciar ▶▶ **15** *Refeição de negócios*
Apprécier

━●●▶━ *Os franceses tomam aperitivo nas ocasiões especiais, e entre elas, naturalmente, estão os almoços e jantares de negócios. O mesmo ocorre quanto ao digestivo.*

Se você convidar para um aperitivo, escolha, por exemplo, martini, kir (vinho branco seco com licor de cassis), uísque ou gin-tônica. O pastis em geral é considerado um drinque para ocasiões mais informais.

Saúde!
A votre santé ! / A la vôtre !

Está ótimo.
C'est très bon.

Está uma delícia.
C'est délicieux.

De que ano / De que safra é este Bordeaux?
De quelle année / De quel millésime est ce Bordeaux ?

É de 1986.
Il est de 1986 (mil neuf cents quatre-vingt-six; *CH:* ... huitante six).

Pedidos e reclamações
Demandes et réclamations

Poderia nos trazer um pouco mais de pão, por favor?
Vous pourriez nous rapporter du pain, s'il vous plaît ?

Desculpe-me, mas está faltando um copo / um talher.
Excusez-moi, mais il manque un verre / un couvert.

Com licença, continuo esperando meu / minha...
Excusez-moi, j'attends toujours mon/ma...

Não foi isso que eu pedi.
Je n'ai pas commandé cela.

Incomoda se eu fumar?
Ça ne vous dérange pas si je fume ?

ala de não-fumantes	la section non-fumeur
azeite e vinagre	l'huile *f* et le vinaigre
colher	la cuillère
copo	le verre
faca	le couteau
garfo	la fourchette
guardanapo	la serviette
prato	l'assiette *f*

sal e pimenta	le sel et le poivre
talher	le couvert
toalha de mesa	la nappe
xícara	la tasse

Brasseries, bares e cafés
Brasseries, bars, cafés

→•→ *O melhor lugar para matar a vontade de comer uma tortinha de creme não é um café, mas um salon de thé. No entanto, em Paris não existem muitos salões de chá.*

O que gostaria de tomar?
Qu'est-ce que vous aimeriez boire ?

Um chope por favor.
Une bière pression, s.v.p. (Q: Une bière au fût, s.v.p.)

Grande ou pequeno?
Une grande ou une petite bière ?

Eu gostaria de um café / um café com leite, por favor.
Je voudrais un café / un café crème, s.v.p.

A mesma coisa, por favor.
La même chose, s.v.p.

O que vocês têm para comer?
Qu'est-ce que vous avez à manger ?

Temos o prato de saladas, o patê da casa ou *croque-monsieur*.
Nous avons l'assiette de crudités, la terrine maison ou des croque-monsieur.

Pagar
Payer

→•→ *Se vocês quiserem contas separadas, deverão avisar ao garçom.*

Em geral, a taxa de serviço de 15% é incluída nas contas, menos em Quebec. Apesar disso, uma gorjeta sempre é bem-vinda. Ela pode ser deixada em cima da mesa ou no pratinho em que muitas vezes é trazida a conta.

A conta, por favor.
L'addition, s.v.p.

Vamos pagar separadamente.
Nous payons séparément.

Vocês aceitam cartão de crédito?
Vous acceptez les cartes de crédit ?

Pode me dar uma nota fiscal, por favor?
Pourriez-vous me donner une facture, s.v.p. ?

Serviço incluído.
Service compris.

Na cidade

Descrição do caminho
Description du chemin

Com licença, senhor / senhora, como faço para ir ao correio?
Excusez-moi, monsieur/madame, pour aller à la poste ?
Há alguma padaria aqui por perto?
Est-ce qu'il y a une boulangerie près d'ici ?
Como se chega à zona industrial de Sarclas?
Comment faire pour aller à la Zone Industrielle de Sarclas ?
Vá até o semáforo. ▶▶ **5** *Estradas e trânsito*
Allez jusqu'aux feux.
Vire a primeira à direita / a segunda à esquerda.
Prenez la première à droite / la deuxième à gauche.
Vá reto.
Allez tout droit.
até o cruzamento / a curva / o semáforo
jusqu'au carrefour / tournant / feu
até o fim da rua
jusqu'au bout de la rue
É longe?
C'est loin ?
Cinco minutos.
A cinq minutes.
Fica em frente da prefeitura.
C'est en face de l'hôtel de ville.
Fica à sua direita / esquerda.
C'est sur votre droite / gauche.

Localização
Localisation

à direita	à droite (de)
à esquerda	à gauche (de)
ao lado de	à côté de
atrás	derrière
em frente	en face (de)
entre	entre
longe	loin (de)
na frente	devant
perto	près
perto de	près de

Edifícios e locais públicos
Bâtiments et lieux publics

agência oficial de turismo	l'office *m* du tourisme
apartamento	l'appartement *m*
bairro	le quartier
Câmara de Comércio e Indústria	(la) Chambre de commerce et d'industrie, CCI
centro da cidade	le centre-ville
consulado	le consulat
delegacia de polícia	le poste de police
edifício	le bâtiment
embaixada	l'ambassade *f*
escritórios, prédio de escritórios	les bureaux *m*, l'immeuble *m* de bureaux
faixa de pedestres	le passage piétons
loja	le magasin
loja de departamentos	le grand magasin
ministério	le ministère
parque	le parc
praça	la place
prefeitura	la mairie, l'hôtel *m* de ville
rua	la rue
subúrbio	la banlieue
torre, edifício muito alto	la tour
zona de pedestres	la zone piétonne

Correio
La poste

▸▸▸ *A empresa de correio francesa é a P et T (Postes et Télécommunicatios).*

Não é só no correio que se vendem selos. Também é possível encontrá-los nas tabacarias, nas bancas de jornal, em alguns hotéis e papelarias. O correio central de Paris fica aberto vinte e quatro horas (52, rue du Louvre, Paris I). Na França as caixas de correio são amarelas.

Em quanto tempo esta carta chegará a Bordeaux?
Cette lettre arrivera dans combien de temps à Bordeaux ?

Qual é o código postal de Nantes?
Quel est le code postal de Nantes ?

Eu gostaria de mandar esta carta registrada, com aviso de recebimento.
Je voudrais envoyer cette lettre en recommandé avec accusé de réception.

E esta carta por via aérea / expressa, por favor.
Et cette lettre par avion/par exprès, s'il vous plaît.

Qual é o guichê para expedir este pacote?
Pour envoyer ce paquet, c'est à quel guichet ?

caixa de correio	la boîte à lettres
caixa econômica postal	le compte de chèques postaux (CCP)
cartão-postal	la carte postale
coleta	la levée
correio	le courrier; *(Amt)* la poste
correspondência expressa	l'envoi m par exprès
destinatário	le destinataire
envelope	l'enveloppe *f*
formulário	le formulaire
impresso	l'imprimé *f*
pacote	le colis
porte	le port
posta restante	poste restante
caixa econômica postal	la caisse d'épargne postale
remetente	l'expéditeur *m*
selar	affranchir
selo	le timbre
selo de 2 francos	le timbre à deux francs
selo de coleção	le timbre de collection
via aérea	par avion

Banco
La banque

▶▶▶ *Na França, quando quiser trocar dinheiro, não se esqueça de levar seu passaporte ou sua carteira de identidade. Quase em todos os lugares, mesmo nos caixas eletrônicos, são aceitos os cartões Visa e Mastercard. Até compras pequenas poderão ser pagas com cartão de crédito.*

Com licença, será que há algum banco perto daqui?
Excusez-moi, est-ce qu'il y a une banque près d'ici ?

Onde há uma casa de câmbio?
Où y a-t-il un bureau de change ?

Eu gostaria de trocar... dólares.
Je voudrais changer ... dollar.

Quanto está valendo o dólar?
A combien est le dollar?

Onde posso tirar dinheiro com cartão de banco?
Où puis-je retirer de l'argent avec une carte bancaire ?

Eu gostaria de trocar cheques de viagem.
Je voudrais changer des chèques de voyage.

Onde devo assinar?
Où dois-je signer ?

Poderia me dar notas de 100 francos e trocado, por favor?
Pouvez-vous me donner des billets de 100 francs et de la monnaie, s.v.p.

O caixa eletrônico segurou meu cartão.
L'appareil a gardé ma carte.

abrir	ouvrir
caixa	la caisse
caixa eletrônico	le guichet automatique
câmbio	le change
cartão de crédito	la carte de crédit
cheque cruzado	le chèque barré
código bancário	le code bancaire
comissão	la commission
conta	le compte
conta comercial	le compte commercial
conta corrente	le compte courant
conta poupança	le compte d'épargne
depositar (dinheiro)	déposer (de l'argent)
despesas	les frais m
dinheiro líquido	l'argent m liquide (Q: comptant)
divisas	les devises f
dólar canadense	le dollar canadien
euro	l'euro m
eurocheque	l'eurochèque m
franco belga	le franc belge
franco suíço	le franc suisse
senha	le numéro personnel
guichê	le guichet
marco alemão	le mark allemand
moedas	les pièces f (de monnaie)
ordem de pagamento	le mandat
ordem de remessa permanente	l'ordre m de virement permanent
remessa	le virement
resgate automático	le prélèvement automatique
schilling	le schilling
setor de divisas	le service des devises
tirar (dinheiro)	retirer (de l'argent)
trocado	la monnaie

Compras

Les courses

→→→ *O horário de abertura das lojas na França não é rigidamente regulamentado. As lojas pequenas em geral ficam abertas até as 19h30, mesmo aos sábados. As lojas de alimentação muitas vezes abrem também aos domingos de manhã. Para muitos estabelecimentos comerciais, o dia de descanso é segunda-feira. Lojas de departamento, supermercados e grandes centros comerciais permanecem abertos, em geral, até as 22h00.*

Estou procurando...
Je cherche…

Vocês têm...?
Est-ce que vous avez… ?

Poderia me mostrar..., por favor?
Pouvez-vous me montrer …, s.v.p. ?

Estou dando uma olhada.
Je regarde.

Posso experimentar?
Je peux essayer ?

É muito pequeno / grande / curto / comprido / claro / escuro.
C'est trop petit / grand / court / long / clair / foncé.

Tem outras cores?
Vous avez d'autres couleurs ?

Quanto custa?
Ça coûte combien ?

Gosto. / Não gosto.
Ça me plaît. / Ça ne me plaît pas.

Vou levar este. / Não vou levar.
Je le prends. / Je ne le prends pas.

Poderia embrulhar, por favor?
Est-ce que vous pouvez me l'emballer, s.v.p. ?

Quer embrulho para presente?
Voulez-vous un paquet cadeau (Q: emballage cadeau) ?

Pode me dar um recibo?
Pouvez-vous me donner un reçu ?

Eu queria fazer uma troca.
Je voudrais faire un échange.

Posso devolver?
Est-ce que je peux le/la rendre ?

Aqui está o tíquete da caixa.
Voici le bon de caisse.

agência de viagens	l'agence *f* de voyages
artigos de esporte	les articles *m* de sport
banca	le kiosque (*Q:* le dépanneur)
cabeleireiro	le coiffeur
confeitaria	la pâtisserie
doceira	la confiserie
elevador	l'ascenseur *m*
farmácia	la pharmacie
feira / mercado	le marché
feira de objetos usados	le marché aux puces
floricultura	le fleuriste
galeria comercial	la galerie marchande
joalheiro	le bijoutier
jornaleiro	le marchand de journaux
livraria	la librairie
loja	le magasin
loja de departamentos	le grand magasin
loja de produtos biológicos	le magasin de produits biologiques
loja de sapatos	le magasin de chaussures
material de escritório	les fournitures *f* de bureau
material de fotografia	le matériel de photo
mercearia fina	l'épicerie *f* fine
óptica	l'opticien *m*
padaria	la boulangerie
papelaria	la papeterie
perfumaria	la parfumerie
produtos de alimentação	le magasin d'alimentation
produtos de higiene / limpeza	les produits *m* de toilette / d'entretien
loja de eletrodomésticos	le magasin d'électroménager
recordação	le souvenir
roupas femininas / masculinas	les vêtements *m* pour dame / homme
loja de brinquedos	le magasin de jouets
supermercado	le supermarché
tinturaria / lavanderia	la teinturerie, le pressing (*Q:* le nettoyage à sec)
vendedor/a	le vendeur / la vendeuse

Lazer e cultura
Loisirs et culture

──•••▶── *Você poderá encontrar nos jornais as programações de teatros, cinemas, visitas guiadas à cidade, conferências e exposições. Além disso, existem publicações semanais especializadas – as principais são* L'Officiel des spectacles *e* Pariscope *que dão todas essas informações detalhadamente, para o centro e os subúrbios de Paris.*

Onde fica a agência oficial de turismo?
Où se trouve l'office de tourisme / le syndicat d'initiative ?

Vocês têm um mapa da cidade?
Vous avez un plan de la ville ?

Vocês têm folhetos em português sobre a região?
Vous avez des brochures en portugais sur la région ?

O que há de interessante para visitar?
Qu'est-ce qu'il y a d'intéressant à visiter ?

A que horas são as visitas guiadas?
A quelle heure ont lieu les visites guidées ?

Quanto tempo dura o passeio de barco pelo rio Garonne?
Combien de temps dure la promenade en bateau sur la Garonne ?

E a visita à cidade?
Et la visite de la ville ?

Quando abre o museu?
Le musée ouvre quand ?

Quais são os horários de abertura?
Quelles sont les heures d'ouverture ?

Há uma retrospectiva de Monet no museu.
Il y a une rétrospective de Monet au musée.

Poderia me indicar um bom restaurante?
Pouvez-vous m'indiquer un bon restaurant ?

Há algum bom espetáculo?
Est-ce qu'il y a un bon spectacle ?

Onde se pode reservar lugar?
Où peut-on réserver une place ?

Há algum parque onde se pode correr?
Est-ce qu'il y a un parc où il est possible de faire du jogging ?

atração turística	la curiosité (touristique)
boate	la boîte de nuit
casa em que nasceu	la maison natale
castelo	le château
catedral	la cathédrale
cemitério	le cimetière
cidade velha	la vieille ville
cinema	le cinéma
concerto	le concert
conferência	la conférence
estádio	le stade
estádio de futebol	le stade de football
exposição	l'exposition f
galeria de arte	la galerie d'art
igreja	l'église f
jardim	le jardin
monumento	le monument
museu	le musée
museu local	le musée local
prefeitura	la mairie, l'hôtel m de ville
teatro	le théâtre
teatro de ópera	l'opéra m
túmulo	la tombe

▸•• *Em Quebec, o futebol europeu se chama* "le soccer". *O jogo americano se chama* "le football" *ou* "American football".

Feiras

Espaço e instalações
Lieux et facilités

A feira nacional irá realizar-se de 23 a 26 de fevereiro no parque de exposições de Berna.
La foire nationale se tiendra du 23 au 26 février au parc des expositions de Berne.

Queremos alugar um espaço / um estande na feira / no salão de…
Nous voulons louer un emplacement / un stand à la foire / au salon de…

O aluguel do espaço, sem equipamento, custa 120 francos por metro quadrado.
La location de l'emplacement, sans équipement, coûte 120 francs le mètre carré.

Nós queremos um estande de cerca de … metros quadrados de área.
Nous désirons un stand d'une surface d'environ … mètres carrés.

Precisamos de duas tomadas elétricas em nosso estande.
Nous avons besoin de deux prises électriques sur notre stand.

A diretoria da feira se encarrega dos arranjos e das instalações?
La direction de la foire se charge-t-elle des aménagements et des installations ?

Vocês poderiam colocar um intérprete à nossa disposição enquanto durar a feira?
Pouvez-vous mettre à notre disposition un interprète pour la durée de la foire ?

Organização
Organisation

agenda dos eventos	le calendrier des manifestations
área das exposições	la surface des expositions
cabine	la cabine
cartão de visitante	la carte d'invité
centro de alojamento	l'office *m* de logement
centro de imprensa	le centre de presse
corredor	l'allée *f*
entrada principal	l'entrée *f* principale
entrada principal	le plan du hall
estande	le stand
estande de canto	le stand au coin
expositor	l'exposant *m*
inscrição	l'inscription *f*
lista de expositores	la liste des exposants

mapa da feira	le plan de la foire
montar / desmontar (o estande)	monter / démonter (le stand)
organizar	organiser
parque de exposições	le parc des expositions
pavilhão	le bâtiment, le hall
recepcionista	l'hôtesse
visitante profissional	le visiteur professionne

Ações e apoio publicitários
Actions et supports publicitaires

agência de publicidade	l'agence f de publicité
amostra	l'échantillon m
anúncio em jornais	l'annonce f dans les journaux
auto-adesivo (para papel de carta)	l'autocollant m (pour papier à lettres)
campanha publicitária	la campagne publicitaire
cartaz	l'affiche f
catálogo	le catalogue
circular	la circulaire
demonstração, apresentação	la démonstration, la présentation
distintivo (com emblema da empresa)	le pin's
estudo de mercado	l'étude f du marché
lançar	lancer
lançar uma campanha publicitária	lancer une campagne publicitaire
marketing-mix	le marketing mix
mídia	les moyens m publicitaires
produto de demonstração	le produit de démonstration
promoção de vendas	la promotion des ventes
propaganda (de televisão)	le spot (à la télévision)
prospecto	le prospectus
público-alvo	la cible
sondagem	le sondage

Contatos com os clientes
Contacts avec les clients

Teremos prazer em recebê-los em nosso estande.
Nous serons heureux de vous accueillir à notre stand.

Lançaremos nosso último produto por ocasião dessa feira.
Nous lançons notre dernier produit à l'occasion de cette foire.

Posso lhe dar alguma informação?
Je peux vous renseigner ?

Ouvimos falar de seu produto.
Nous avons entendu parler de votre produit.

Gostaríamos de ter mais informações sobre...
Nous aimerions avoir plus de renseignements sur…

Precisamos de...
Nous avons besoin de…

Com licença, posso lhes perguntar o que vocês fazem? ▶▶ **2** *Apresentações*
Je peux vous demander ce que vous faites ?

De que empresa vocês são?
Vous êtes de quelle société ?

Descrição do produto
Description du produit

Aqui está nosso(a) último(a)...
Voici notre dernier/dernière…

Ele(a) está em nosso catálogo, na página...
Il/elle se trouve dans notre brochure à la page…

Lá são fornecidos detalhes técnicos.
Les détails techniques se trouvent là.

Apresento-lhes o(a)...
Je vous le/la présente.

Quanto ele(a) mede?
Quelles sont ses dimensions ?

50 centímetros de largura por um metro e 25 de comprimento.
Il fait 50 centimètres de large sur un mètre 25 de long.

Quanto ele(a) pesa?
Combien pèse-t-il/elle ?

Ele(a) pesa 10 quilos.
Il/Elle pèse 10 kilos.

Consome 1 litro por hora / a cada 100 quilômetros.
Il/Elle consomme 1 litre à l'heure / aux 100 km.

É de madeira / metal / material sintético.
Il/Elle est en bois / métal / matière synthétique.

Ele/Ela se compõe de dois elementos.
Il/Elle est composé(e) de deux éléments.

Serve para... / É utilizado(a) para...
Il/Elle sert à… / Il/Elle est utilisé(e) pour…

É concebido(a) para...
Il/Elle est conçu(e) pour…

Corresponde às normas brasileiras de segurança.
Il/Elle correspond aux normes brésiliennes de sécurité.

É fácil de usar.
Il/Elle est facile à utiliser.

Como funciona?
Comment ça fonctionne ?

Monte as peças.
Montez les pièces.

Gire para a direita / a esquerda.
Tournez vers la droite / la gauche.

Ligue o aparelho.
Branchez l'appareil.

Ponha em funcionamento.
Mettez en marche.

Aperte a tecla / o botão.
Appuyez sur la touche / le bouton.

adequado	adéquat
apreciado	apprécié
aprimorado, aperfeiçoado	amélioré, perfectionné
confiável	fiable
desempenho	la performance
desenvolvimento	le développement
econômico	économique
eficácia	efficace
fácil de manejar	facile à manier
garantia	la garantie
indicações	les indications *f*
manual de instruções	le mode d'emploi
primeira qualidade	de première qualité
qualidade	la qualité
reciclável	recyclable
robusto	robuste
sólido	solide
sucesso de vendas	l'article *m* de pointe
testado, comprovado	éprouvé, testé, qui a fait ses preuves
único(a)	unique

Manter-se em contato
Rester en contact

Poderiam nos enviar uma documentação completa sobre...?
Pourriez-vous nous envoyer une documentation complète sur… ?

Poderiam nos fazer uma oferta?
Pourriez-vous nous faire parvenir une offre ?

Quando estará novamente em seu escritório?
Quand serez-vous à nouveau à votre bureau ?

Telefonarei logo depois da feira.
Je vous téléphone tout de suite après la foire.

Encomenda
Commande

Precisamos de...
Nous avons besoin de…

Poderia nos mandar, conforme combinado, ...
Pouvez-vous nous envoyer comme convenu…

Quando querem receber a mercadoria?
Quand voulez-vous recevoir la marchandise ?

o mais depressa possível / o mais tardar... / ao longo do mês
le plus vite possible / au plus tard… / dans le courant du mois

começo / meados / fim de outubro
début / mi- / fin octobre

Quais são os prazos de entrega?
Quels sont les délais de livraison ?

O prazo de entrega é de uma semana.
Les délais de livraison sont d'une semaine.

As mercadoria serão expedidas assim que recebermos seu pedido.
Les marchandises seront expédiées dès réception de votre commande.

Como são expedidas as mercadorias?
Comment les marchandises sont-elles expédiées ?

de caminhão / de avião / de trem / de navio
par camion / avion / chemin de fer / bateau

O frete e a embalagem estão incluídos?
Est-ce que le port et l'emballage sont compris ?

O frete é por nossa conta.
Le transport est à notre charge.

A entrega implica:
La livraison s'entend :

livre domicílio / frete a pagar / frete pago
franco domicile / fret dû / port payé

saindo do depósito / da fábrica
pris à l'entrepôt / départ usine

Quais são as condições de pagamento?
Quelles sont les conditions de paiement ?

Concedemos uma redução de 3% para qualquer pedido superior a...
Nous accordons une remise de 3% pour toute commande supérieure à…

e 2% de desconto para pagamento em 30 dias.
… et 2% d'escompte pour paiement dans les 30 jours.

Como desejam pagar?
Comment voulez-vous payer ?

20% no pedido, o resto em 30 dias (com 2% de desconto).
20% à la commande, le reste dans les 30 jours (avec 2% d'escompte).

Condições de entrega e pagamento
Conditions de livraison et de paiement

à vista	en liquide, au comptant
carregar / descarregar	charger / décharger
carta de crédito	la lettre de crédit
caução	la caution
cheque	le chèque
conhecimento	le connaissement
desconto	le rabais, la remise, la ristourne
desconto à vista	l'escompte *m* au comptant
desconto sobre grande quantidade	le rabais d'achat en grande quantité
entrega	la livraison
frete	le fret
garantia bancária	la garantie bancaire
guia de transporte	la lettre de voiture
lista de preços	les prix *m* courants, la liste de prix
mediante reembolso	contre remboursement
oferta	l'offre *f*
oferta sem compromisso	l'offre sans engagement
oferta firmada	l'offre ferme
pagamento com carta de crédito	le crédit documentaire
pagamento parcelado	le paiement partiel
pagável	payable
pedido	la commande
preço de atacado	le prix de gros
preço de venda	le prix de vente
preço especial	le prix spécial
preço unitário	le prix unitaire
procura	la demande
recibo de entrega	le bon de livraison
redução, desconto	l'escompte *m*, le rabais, la remise
transferência	le virement
transportador	le transporteur
transportar	transporter
valor total	la somme forfaitaire
letra de câmbio	la lettre de change

Organização e estrutura da empresa

Tipos de empresa
Types d'entreprise

▸●▸ Na França, na maioria das vezes você irá lidar com os seguintes tipos de empresas:

▸ **Société anonyme – SA** (Sociedade anônima)

Capital mínimo:	250 000 francos
Acionistas:	no mínimo 7
Responsabilidade:	cada acionista tem responsabilidade proporcional à sua participação.
Direção:	Président-directeur général (Pdg) e conselho administrativo (conseil d'administration) ou diretoria (directoire) e conselho fiscal (conseil de surveillance)

▸ **Société à responsabilité limitée – SARL** (Ltda.)

Capital mínimo:	50 000 francos
Sócios:	no mínimo 2
Responsabilidade:	limitada ao capital
Direção:	gerente (gérant)

▸ **Société en nom collectif – SNC** (Sociedade em nome do coletivo)

Capital mínimo:	—
Sócios:	ilimitado
Direção:	no mínimo 2 sócios

Neste tipo de empresa existem várias formas de direção.

▸ **Entreprise unipersonnelle à responsabilité limitée – EURL** (Empresa individual)

Como a SARL, mas com apenas um sócio.

▸ **Groupement d'intérêt économique – GIE** (Consórcio)

Grupo (constituindo pessoa jurídica) de 2 ou mais empresários para a execução de projetos em conjunto (geralmente por tempo limitado).

Capital mínimo:	—
Direção:	um ou mais administradores (administrateur)

Nós somos uma PME (pequena ou média empresa)...
Nous sommes une PME (petite ou moyenne entreprise)…

... mais exatamente uma pequena ou média indústria.
… plus exactement une PMI (petite ou moyenne industrie).

Somos subcontratados de firmas importantes.
Nous sommes les sous-traitants de firmes importantes.

Produzimos...
Nous produisons…

Somos especializados no setor de...
Nous sommes spécialisés dans le domaine de…

Concebemos / desenvolvemos *softwares*.
Nous concevons / développons des logiciels.

Vendemos...
Nous vendons…

Publicamos manuais técnicos.
Nous publions des manuels techniques.

Vocês conhecem a distribuidora X?
Vous connaissez la société de distribution X ?

Nós somos varejistas / atacadistas / importadores / exportadores de...
Nous sommes détaillants / grossistes / importateurs / exportateurs de…

Somos especializados em serviços.
Nous sommes spécialisés dans les services.

Nosso mercado principal é...
Notre marché principal est…

Nossa clientela estende-se por toda a Europa.
Notre clientèle s'étend dans l'Europe entière.

Estamos presentes no mundo todo.
Nous sommes présents dans le monde entier.

Setores de atividades e mercados
Secteurs d'activités et marchés

atacadista	le grossiste
coletividade local	la collectivité locale
comércio	le commerce
concorrente	le concurrent
empresa	l'entreprise f
empresa individual	l'entreprise f individuelle
escoamento	les débouchés m
estudo de mercado	l'étude f du marché
fazer concorrência	faire concurrence
fornecedor	le fournisseur
Mercado Comum	le Marché Commun
mercado interno europeu	le marché intérieur européen
NAFTA	l'ALENA f

número um do mercado	le numéro un sur le marché
posição de monopólio	la position de monopole
produtor	le producteur
rede de distribuição	le réseau de distribution
serviços	les services m
setor público	le secteur public
situação do mercado	la situation du marché
subcontratado	le sous-traitant
tendência	la tendance
venda	la vente
vendas	les ventes f

Ramos

Branches

aeroespacial	l'aérospatiale f
aeronáutica	l'aéronautique f
agroalimentar	l'agro-alimentaire m
automóveis	l'automobile m
construção	le bâtiment
construção naval	la construction navale
eletrônica	l'électronique f
indústria química	l'industrie f chimique
indústrias de ponta	les industries f de pointe
informática	l'informatique f
metalurgia	la métallurgie
obras públicas	les travaux m publics
ramo	la branche
siderurgia	la sidérurgie
tecnologias de ponta	les nouvelles technologies f
têxtil	le textile

Desenvolvimento da empresa

Le développement de l'entreprise

Esta empresa foi fundada em 1955.
Cette entreprise a été créée en 1955.

A sede de nossa empresa fica em São Paulo.
Le siège de notre entreprise se trouve à São Paulo.

A fábrica fica em Minas Gerais.
L'usine ... est en Minas Gerais.

Empregamos 150 pessoas.
Nous employons 150 personnes.

No início fabricávamos apenas produtos semi-acabados.
Au début, nous ne fabriquions que des produits semi-finis.

Nesse meio-tempo ampliamos nossa produção.
Entre-temps, nous avons élargi notre production.

Abrimos uma sucursal em...
Nous avons ouvert une succursale à…

Nosso faturamento é de cerca de 10 milhões de dólares.
Notre chiffre d'affaires est d'environ 10 millions de dollars.

A exportação representa 40% das vendas.
L'exportation représente 40% des ventes.

acionista	l'actionnaire *m*
corpo de acionistas	l'actionnariat *m*
crescer	s'agrandir
custos de investimento	les coûts m d'investissement
demitir	licencier
diversificar	diversifier
empregar	embaucher
empresa matriz	la société mère
falir	faire faillite
faturamento	le chiffre d'affaires
fechar	fermer
filial	la filiale
financiar	financer
franquia	la franchise
fundar	fonder
fundir	fusionner
globalização	la globalisation
grupo	le groupe
grupo empresarial	le groupe
holding	le holding
incentivos locais	les avantages *m* locaux
internacionalização	l'internationalisation *f*
investir	investir
matriz	la société mère
nacionalizar	nationaliser
privatizar	privatiser
reestruturar	restructurer
registrar lucros	enregistrer des profits, faire des bénéfices
representação	la représentation
representação fiscal	la représentation fiscale

retomada	la reprise, le rachat
retomar	reprendre
sucursal	la succursale
ter prejuízo	enregistrer des pertes

Organograma
L'organigramme

→•• *Cada empresa tem sua forma de organização. Na guarda da contracapa você encontrará um organograma que mostra um esquema básico de distribuição de funções.*

Responsabilidades
Responsabilités

O sr. Vermont é responsável pelo setor de exportações.
M. Vermont est responsable du service Export.

O sr. Chabot se ocupa do planejamento.
M. Chabot s'occupe du planning.

Ele é assessorado por três engenheiros.
Il est assisté par trois ingénieurs.

O sr. Chausson trabalha no setor de...
M. Chausson travaille dans le service…

→•• *Os nomes dos cargos de chefia variam de uma empresa para outra. De modo geral, pode-se dizer que nas empresas pequenas usa-se a denominação chef, nas empresas maiores, de hierarquia mais complexa, usa-se o termo directeur.*

adjunto/-a	adjoint/e
administrador/-a, membro do conselho de administração	l'administrateur, le membre du conseil d'administration
chefe de departamento	le chef de département
chefe do projeto	le chef de projet
chefe, diretor/-a	le chef, le directeur / la directrice
chefe de compras, diretor/-a de compras	le chef des achats, le directeur / la directrice des achats
diretor/-a de desenvolvimento	le directeur / la directrice du Développement
chefe, diretor/-a do setor de exportações	le chef de l'export, le directeur / la directrice du service Export
diretor/-a comercial, diretor/-a administrativo/-a e financeiro/-a	le directeur/la directrice commercial/e, le directeur administratif et financier/ la directrice administrative et financière

chefe de pessoal, diretor/-a de recursos humanos	le chef du personnel, le directeur / la directrice des ressources humaines
diretor/-a técnico/-a	le directeur / la directrice technique
chefe de vendas, diretor/-a de vendas	le chef des ventes, le directeur / la directrice des ventes
diretor/-a comercial	le directeur / la directrice commercial/e
diretor/-a administrativo/-a	le directeur administratif / la directrice administrative
diretor/-a de fábrica	le directeur / la directrice d'usine
colaborador/-a	le collaborateur / la collaboratrice
delegado/-a do pessoal	le/la délégué/e du personnel
diretor/-a	le directeur / la directrice
diretor/-a de departamento	le directeur / la directrice (de division)
diretor/-a geral	le directeur / la directrice général/e
diretor/-a regional	le directeur / la directrice régional/e
dirigente	le chef
funcionário/-a	le cadre
gerente	le/la gérant/e
membro do comitê de empresa	le membre du comité d'entreprise
presidente (diretor-presidente geral)	le/la président/e, le P.D.G. (Président-directeur général)
procurador	le fondé de pouvoir
responsável por...	le responsable de…
secretário-geral	le secrétaire général

→•●→ *Simplificando, de modo geral a hierarquia de uma empresa francesa é a seguinte:* ouvrier *(trabalhador, operário)* — agent de maîtrise *(mestre)* — cadre. *O termo* cadre *refere-se a vários cargos e é difícil de ser definido.* Cadres *são funcionários a partir de um certo grau da hierarquia. Hoje em dia, a maioria dos* cadres *tem curso superior. Também eles se dividem em várias camadas hierárquicas, com as denominações* cadres, cadres moyens, cadres supérieurs *e* cadres dirigeants. *Eles se diferenciam dos outros empregados por disporem de um sistema de seguro especial, o* assurance cadre

Profissões
Professions

Qual é sua profissão?
Quelle est votre profession ?

O que você faz na vida?
Qu'est-ce que vous faites dans la vie ?

Eu sou...
Je suis…

advogado/-a	avocat/e
aprendiz em formação	apprenti/e, en formation
arquiteto/-a	architecte
assessor/-a econômico/-a, auditor/-a, perito/-a contador/-a	attaché/e économique, expert-comptable, commissaire aux comptes
chefe de equipe	chef d'équipe
conselheiro econômico	conseiller / conseillère économique
conselheiro/-a comercial	conseiller commercial / conseillère commerciale
conselheiro/-a empresarial	conseiller / conseillère d'entreprise (en gestion)
conselheiro/-a fiscal	conseiller fiscal / conseillère fiscale
contador/-a	comptable
controller	contrôleur de gestion
corretor de imóveis	agent immobilier
desenhista industrial	dessinateur industriel / dessinatrice industrielle
diretor/-a	directeur / directrice
economista	économiste
editor/-a	éditeur / éditrice
eletrecista	électricien/ne
empregado/-a	employé/e
empreiteiro/-a	chef de chantier
engenheiro comercial	ingénieur commercial
engenheiro/-a	ingénieur
engenheiro/-a civil	ingénieur de génie civil
engenheiro/-a técnico/-a	ingénieur d'exploitation
engenheiro/-a químico/-a	ingénieur chimiste
engenheiro/-a eletricista	ingénieur électricien
engenheiro/-a mecânico/-a	ingénieur en mécanique
engenheiro/-a de produção	ingénieur de la production
especialista	expert
físico/-a	physicien/ne
homem de negócios	homme d'affaires
intérprete	interprète
jornalista	journaliste
montador	monteur

motorista	chauffeur
mulher de negócios	femme d'affaires
notário	notaire
operário/-a especializado/a	ouvrier / ouvrière spécialisé/e
perito	expert
publicitário/-a	publicitaire
redator/-a	rédacteur / rédactrice
representante agente comercial	représentant/e agent commercial
secretário/-a de diretoria	secrétaire de direction
secretário/-a, recepcionista	secrétaire, réceptionniste
técnico/-a	technicien/ne
técnico/-a em computação, engenheiro/-a de computação	informaticien/ne, ingénieur système informatique
técnico/-a em informática	informaticien/ne
trabalhador/-a especializado/-a	employé/e spécialisé/e
tradutor/-a	traducteur / traductrice
vendedor/-a, delegado/-a comercial, assessor/-a comercial	vendeur / vendeuse, délégué/e commercial/e, attaché/e commercial/e
vigia	gardien/ne

Qual é seu ramo de trabalho?
Dans quelle branche travaillez-vous ?

Em que empresa trabalha?
Dans quelle entreprise travaillez-vous ?

Em que departamento?
Dans quel service ?

Trabalho por conta própria.
Je suis à mon compte.

O que estudou?
Qu'est-ce que vous avez fait comme études ?

Sou formado(a) em administração de empresas.
Je suis diplômé(e) en gestion d'entreprise.

—••►— *Os franceses dão grande importância à formação acadêmica. São muito valorizados os formados pelas Grandes Écoles, ou seja, escolas superiores não universitárias, cursadas por muitos membros da elite governamental e empresarial industrial. Os exames de admissão a essas escolas são muito rigorosos e requerem um a dois anos de preparação.*

As Grandes Écoles de maior prestígio são:

—►— *escola de administração, ENA (École Nationale d'Administration)*
—►— *escola de engenharia, Ècole Polytechnique, chamada abreviadamente de X*
—►— *escola de comércio, HEC (Hautes Études Commerciales)*
—►— *escola de ciências econômicas, ESSEC (École Supérieure des Sciences Économiques et Commerciales)*

Visitas a empresas

Na recepção
A la réception

Bom dia, eu gostaria de falar com o sr. ...
Bonjour, je voudrais voir M. …

Tenho um encontro com...
J'ai rendez-vous avec…

O senhor / A senhora é...?
Vous êtes monsieur/madame … ?

Queira esperar um pouco, por favor.
Voulez-vous patienter, s.v.p.

Vou avisá-lo(a).
Je le/la préviens.

A secretária virá acompanhá-lo(a).
La secrétaire vient vous chercher.

O sr. / A sra. o(a) espera em sua sala.
M. … vous attend à son bureau.

É no bloco 2, 3.º andar, sala 238.
C'est au bâtiment 2, 3ème étage, bureau 238.

Aqui está seu crachá (de visitante).
Voici votre badge (de visiteur).

O elevador fica à esquerda / direita.
L'ascenseur est à gauche / à droite.

A escada é ali, bem em frente.
L'escalier est par là, juste en face.

Siga o corredor.
Suivez le couloir.

É a primeira porta à esquerda / direita.
C'est la première porte à gauche / à droite.

Prédio
Bâtiments

administração	l'administration *f*
andar	l'étage *m*
primeiro andar	le premier étage
segundo andar	le deuxième étage
centro de formação	le centre de formation
depósito, armazém	l'entrepôt *m*, le magazin

elevador	l'ascenseur m
enfermaria	l'infirmerie f
entrada	l'entrée f
escada	l'escalier m
escritório, sala	le bureau
estacionamento	le parking (Q: le stationnement)
fábrica	l'usine f
parque industrial	la zone industrielle (Q: le parc industriel)
recepção	la réception
saída de emergência	la sortie de secours
sala	le bureau, la salle
sala de reuniões	la salle de réunion
térreo	le rez-de-chaussée

Pontualidade
Ponctualité

●●► *Entre os europeus, principalmente os germânicos e britânicos, os franceses têm fama de não gostar de respeitar horários. No entanto, com certeza são bem mais pontuais do que os brasileiros e latino-americanos em geral. Eles só não têm a obsessão dos suíços, alemães e britânicos pelos horários. O mesmo vale para Quebec e os países africanos em geral. Na Suíça francesa, já há uma rigidez bem maior quanto à pontualidade.*

Acolhimento ►► 2 *Cumprimento, Apresentações*
Accueillir

●●► *Pode ser que seu colega francês o tenha feito esperar um pouco. No entanto, com certeza irá acolhê-lo muito calorosamente. Irá levantar-se, dar-lhe um aperto de mão e fará questão de que você se sinta muito à vontade. Os franceses de modo geral sabem criar um clima cordial e de descontração, facilitando o contato e o conhecimento entre os interlocutores.*

Estou feliz por encontrá-lo(a).
Je suis heureux (heureuse) de vous voir.

Pode me dar seu casaco.
Donnez-moi votre manteau.

Sente-se, por favor.
Asseyez-vous, je vous prie.

Quer tomar alguma coisa?
Voulez-vous boire quelque chose ?

Sim, aceito.
Oui, volontiers.

Toma café ou chá?
Vous prenez du café ou du thé ?

(Toma) leite? açúcar?
(Vous prenez) du lait ? du sucre ?

Só leite. / Sem nada, por favor.
Seulement du lait. / Sans rien, s'il vous plaît.

Fez boa viagem?
Vous avez fait bon voyage ?

Sim, sem problemas.
Merci, sans problème.

Foi fácil encontrar a empresa?
Vous avez trouvé facilement l'entreprise ?

Foi, está bem indicado.
Oui, c'est bien indiqué.

É sua primeira viagem a Paris?
C'est votre premier voyage à Paris ?

Não, viemos há três anos.
Non, nous sommes venus il y a trois ans.

Mobília e equipamento de escritório
Mobilier et équipement de bureau

aparelho de fax	le télécopieur
armário	l'armoire f, le placard
cadeira	la chaise
calculadora	la calculatrice, la calculette
cesto	la corbeille
cesto de papel	la corbeille à papier
computador	l'ordinateur m
cabo	le câble
disquete	la disquette
impressora	l'imprimante f
monitor	l'écran m
mouse	la souris
software	le logiciel
teclado	le clavier
copiadora	le photocopieur
escrivaninha	le bureau
estante	l'étagère f
gaveta	le tiroir
lâmpada	la lampe
máquina de escrever	la machine à écrire
poltrona	le fauteuil
porta	porta
retroprojetor	le rétroprojecteur
triturador de documentos	le broyeur de documents

Material
Fournitures

bloco	le bloc de papier
bloco de anotações	le bloc-notes
borracha	la gomme (Q: à effacer)
calendário	le calendrier
agenda	l'agenda m
caneta	le stylo
caneta hidrográfica	le feutre
classificador	le classeur
clipe	l'agrafe f
cola	la colle
dossiê	le dossier
envelope	l'enveloppe f
fita adesiva, durex®	le scotch® (Q: le papier collant)
folha	la feuille
furador	le perforateur
lápis	le crayon
prendedor de papel	le trombone
transparência para retroprojetor	le transparent (Q: l'acétate m) pour rétroprojecteur

Programação
Programme

Para esta manhã, proponho a seguinte programação: ...
Je propose pour ce matin le programme suivant : ...

Em primeiro lugar, gostaria de lhes apresentar meus colaboradores.
Je voudrais tout d'abord vous présenter mes collaborateurs.

Temos uma reunião prevista para as 10 horas.
Nous avons prévu une réunion à 10 heures.

A sra. F. falará sobre o mercado, as tendências e a concorrência.
Mme F. présentera le marché, les tendances et la concurrence.

Depois de sua exposição, proponho irmos almoçar.
Après son discours, je propose que nous allions déjeuner.

À tarde, levarei os senhores para visitar a fábrica.
Cet après-midi, je vous fais visiter l'usine.

Para amanhã, organizamos um encontro com o sr. L.
Demain, nous avons organisé une rencontre avec M. L.

Está bem para os senhores?
Ça vous convient ?

Visita a uma fábrica ▸▸ **2** *Mostrar interesse*
Visite d'une usine

Aqui, os senhores vêem...
Ici, vous voyez…

É aqui que produzimos...
C'est ici que nous produisons…

Aquele prédio é...
Le bâtiment, là-bas, est…

Atrás pode-se ver...
Derrière, on peut voir…

na frente / atrás
devant / derrière

em frente (de)
en face (de)

ao lado (de) / entre
à côté (de) / entre

Na produção
A la production

assistência ao cliente	le service après-vente, le SAV
automatizado	automatisé
capacidade	la capacité
comando programado	à commande numérique, programmé
controle de qualidade	le contrôle de qualité
embalagem	l'emballage *m*
entrega	la livraison
estoque	le stock
fabricação assistida por computador	la fabrication assistée par ordinateur, FAO
fabricação peça por peça	la fabrication à la pièce
fabricar	usiner
ferramenta	l'outil *m*, l'outillage *m*
linha de produção	la chaîne de production
manutenção	l'entretien *m*
máquina	la machine
matéria-prima	la matière première
mercadoria	la marchandise
montagem	le montage
montar	assembler
oficina	l'atelier *m*
peça de reposição	la pièce de rechange
peça fora de série	la pièce hors série

peças por dia	pièce(s) par jour
produção em série	la fabrication en série
produção *just-in-time*	la production flux tendu, le juste à temps
racionalizar	rationaliser
refugo	les rejets
rendimento	le rendement
robô	le robot
ter no estoque	avoir en stock
unidade de produção	l'unité f de production

Regulamento
Règlements

Lamento, mas aqui é proibido fumar.
Il est malheureusement interdit de fumer ici.
Sinto muito, é proibido fotografar.
Je regrette, mais il est interdit de faire des photos.
Infelizmente, é proibido entrar.
On a malheureusement pas le droit d'entrer.
Não é permitido usar telefone celular neste prédio.
Les téléphones portables (Q: Les cellulaires) ne sont pas autorisés dans ce bâtiment.
Desculpe, mas o uso de capacete é obrigatório.
Le port du casque est malheureusement obligatoire.

Despedida
Prendre congé

→ → → *Não se esqueça de se despedir com um aperto de mão...*

Infelizmente preciso ir.
Malheureusement, il faut que je parte.
Posso levá-lo de carro?
Je peux vous emmener en voiture?
Obrigado, não é preciso.
Merci, ce n'est vraiment pas la peine.
Em que hotel o senhor / a senhora está?
Vous êtes à quel hôtel?
Amanhã irei buscá-lo(a) no hotel.
Demain, j'irai vous chercher à l'hôtel.
É muita gentileza.
C'est très gentil.

Muito obrigado(a) por sua visita. ▶▶ **2** *Despedida*
Merci beaucoup pour votre visite.

Nossa conversa foi muito interessante.
Notre conversation a été très intéressante.

Avise-me se...
Faites-moi signe si vous...

Vou lhe telefonar em breve.
Je vous téléphone bientôt.

Parceria

Aquecimento ▶▶ **11** Acolhimento, **16** Bate-papo

Se mettre en route

▸●●▸ *Cabe ao anfitrião entabular a conversa, a partir de temas como, por exemplo, o tempo, o trânsito, os acontecimentos do dia ou eventos do esporte. Se o tempo estiver ruim ou as notícias forem desagradáveis, tente arranjar outros assuntos, para não deixar seu interlocutor de mau humor.*

Já soube da novidade?
Vous avez appris la nouvelle ? …

Não, o que aconteceu?
Non, qu'est-ce qui s'est passé ?

Ouvi no rádio que...
J'ai entendu à la radio que…

Não me diga!
Qu'est-ce que vous en dites ?

Viu o jogo do... contra o... , ontem?
Vous avez vu le match … contre …, hier ?

Claro! Então, o que achou?
Bien sûr ! Alors, vous l'avez trouvé comment ?

Explicando os projetos
S'expliquer sur des projets

▸●●▸ *As primeiras impressões serão da maior importância para seu parceiro francês. Faça-o perceber seu entusiasmo pelos projetos apresentados, mesmo que de início a conversa seja um pouco "seca", o que, aliás, é muito comum acontecer.*

Sou todo ouvidos...
Je vous écoute…

Bem, vamos ao assunto.
Venons-en au point.

Em que posso ser útil?
En quoi puis-je vous être utile ?

Se estou entendendo bem, ...
Si je vous comprends bien, vous…

Neste momento, estamos pensando em... / estamos pequisando...
En ce moment, nous réfléchissons à … / nous recherchons …

O senhor/ A senhora sabe que planejamos... / resolvemos.../ estamos prestes a...
Vous savez que nous projetons de … / nous avons décidé de … / nous sommes sur le point de …

acordos de distribuição	les accords m (Q: les ententes f) de distribution
acordos de produção	les accords m de production
ampliar	élargir
aprimorar	améliorer
aumentar	agrandir, augmenter
comércio	le commerce
comprar	acheter
concessão	la franchise
concessor	le franchiseur
concessionário	le franchisé
cooperação	la coopération
escritório de ligação	le bureau de liaison
estender	étendre, élargir
exportar	exporter
fornecedor	le fournisseur
franquia	la franchise
importar	importer
investir	investir
know-how	le savoir-faire
licença	la licence
mercadoria	la marchandise
parceiro/-a	le/la partenaire
parcela do mercado	la part du marché
parceria	la (Q: le) joint venture
participação	la participation
patente	le brevet
produzir	produire
representação	la représentation
segmento do mercado	le segment du marché
transferência de tecnologia	le transfert de technologie

Pedir explicações
Demander des explications

Poderia definir melhor, por favor?
Pourriez-vous être plus précis(e), s.v.p. ?
Mais exatamente, o que vocês pretendiam?
A quoi pensiez-vous exactement ?
Exatamente, trata-se de que tipo de...?
De quelle sorte de… s'agit-il exactement ?
Poderia me dar mais detalhes sobre...?
Pourriez-vous nous donner plus de détails sur… ?

Responder
Répondre

De fato, é uma proposta interessante.
C'est une proposition vraiment intéressante.
Acho que podemos pensar no negócio. / Poderia nos interessar.
Je pense que nous pourrions considérer l'affaire. / Ça pourrait nous intéresser.
Infelizmente, já temos um representante na região.
Nous avons malheureusement déjà une représentation dans la région.
Lamento muito, mas isso não faz parte do contexto de nossas atividades.
Je regrette beaucoup mais cela n'entre pas dans le cadre de nos activités.
Até agora, não pensamos em nada desse tipo.
Jusqu'à maintenant, nous n'avons rien prévu de la sorte.

Negociar
Négocier

Poderíamos propor-lhes...
Nous pourrions vous proposer…
... no sentido de...
… dans l'ordre de…
Pensávamos mais em...
Nous pensions plutôt à…
É sua última palavra?
C'est votre dernier mot ?
Não podemos fazer mais do que isso.
Nous ne pouvons pas faire mieux.

Sinceramente, acho que a diretoria não vai aceitar essas condições.
Sincèrement, je ne pense pas que la direction acceptera ces termes.

Tenho certeza de que podemos encontrar uma solução.
Je suis sûr(e) que nous pouvons trouver une solution.

▸•▸ *Em francês, como em português, geralmente usa-se o subjuntivo para dar sugestões. Por exemplo:*

- *Je suggère que vous achetiez… / que vous preniez… / que vous soyez… / que vous ayez…*
- *Je propose que vous fassiez… / que nous décidions… / que l'usine soit… / que l'usine ait…*

Admitindo que nós façamos… vocês estariam em condições de…?
Admettons que nous fassions… est-ce que vous seriez en mesure de… ?

▸•▸ *Para levantar hipóteses, no francês coloquial usa-se a conjunção si com o imperfeito e, na oração principal, o conditionnel. Por exemplo:*

- *Si nous le savions, nous pourrions…*
- *Si vous aviez… , nous prendrions…*

Se vocês pudessem…, talvez pudéssemos…
Si vous pouviez… nous pourrions peut-être…

Será que… seria melhor para vocês?
Est-ce que… vous conviendrait mieux ?

chave na mão	clé en main
comissão	la commission
custos adicionais	les coûts *m* supplémentaires
custos fixos	les coûts *m* fixes
débito	dû (le…)
desconto	le rabais
encargos	les redevances *f* (de brevet)
encomenda	l'ordre *m*, la commande
entrega	la livraison
exclusividade	l'accord *m* exclusif, l'exclusivité *f*
fatura *pro-forma*	la facture pro forma
faturamento	le chiffre d'affaires
garantia	la garantie
imposto	la taxe, l'impôt *m*
imposto sobre o consumo	la TVA (taxe à la valeur ajoutée) (Q: TPS (taxe sur les produits et services) + TVQ (taxe de vente au Québec))
margem de comércio	la marge commerciale
margem de lucro	la marge de profit

necessidades	les besoins *m*
negociação	la négociation
oferta	l'offre *f*
orçamento de custos	le devis
pagamento	le paiement
patente	le brevet
preço de catálogo	le prix-catalogue
preço de compra	le prix d'achat
preço de fábrica	le prix usine
preço de varejo	le prix de détail
uso corrente	d'usage courant

Tempo de reflexão
Temps de réflexion

●●▶ *Geralmente leva um certo tempo para se decidir uma negociação. Para ganhar tempo, seu parceiro sempre irá retomar algum ponto ou recomeçar alguma discussão que, na verdade, não é fundamental. Mantenha a calma e espere com paciência.*

Deixe-me refletir.
Laissez-moi réfléchir.

Poderíamos fazer uma pausa de uns quinze minutos?
Pourrions-nous faire une pause d'un quart d'heure ?

Preciso de um tempo para me informar melhor.
J'ai besoin de temps pour mieux me renseigner.

Preciso conversar sobre isso com minha empresa.
Je dois en parler avec mon entreprise.

É difícil dizer... Gostaria de falar com um especialista.
C'est difficile à dire... J'aimerais parler à un expert.

Gostaria de ouvir sua opinião sobre o assunto.
J'aimerais avoir son avis dans cette affaire.

Gostaria que se realizasse, mas primeiro preciso verificar...
J'aimerais bien que ça marche mais d'abord je dois vérifier...

Poderia nos enviar uma documentação mais completa sobre...?
Pourriez-vous nous envoyer une documentation plus complète sur... ?

Poderia nos fazer um orçamento, por favor?
Pourriez-vous nous faire un devis, s.v.p. ?

Sim, vamos lhe fazer uma oferta.
Oui, nous allons vous soumettre une offre.

Fechar o negócio
Conclure l'affaire

Estou muito feliz com a decisão que tomamos.
Je suis très heureux (heureuse) de la décision que nous avons prise.
Isso corresponde exatamente ao que desejamos.
Cela correspond tout à fait à ce que nous désirions.
Mais uma vez, resumindo: vocês vão...
Encore une fois, pour résumer : Vous allez…
Tudo vai correr bem, tenho certeza.
Tout ira bien, j'en suis sûr(e).
Pode ter certeza de que farei o que puder / o possível.
Vous pouvez être certain(e) que je ferai de mon mieux / mon possible.
Pode contar comigo.
Vous pouvez compter sur moi.

Contratos
Contrats

acordo	l'accord *m*
anexo	l'annexe *f*
emenda	l'avenant *m*
assinar	signer
concluir, fechar	conclure, signer
condições gerais	les conditions *f* générales
contratante, signatário	le contractant, le signataire
contrato	le contrat
termos do contrato	les termes *m* du contrat
duração do contrato	la durée du contrat
execução do contrato	l'exécution *f* du contrat
cláusula	la clause (du contrat)
multa	la pénalité
violação do contrato	la violation du contrat
declaração de intenções	la déclaration d'intention
efetivo	effectif / effective
expirar	expirer
garantia	la garantie
indenizações	les indemnités *f*, les dommages-intérêts *m*
jurisdição competente	la juridiction compétente
litígio	le litige
obrigações financeiras	les obligations *f* financières
rescindir	résilier
reserva de propriedade	la réserve de propriété
seguro	l'assurance *f*
ser responsável por	être responsable de, se montrer garant de
vencimento	l'échéance *f*

Reuniões e exposições

Pauta do dia
Ordre du jour

→→→ *O objetivo principal de uma reunião nem sempre é chegar a uma decisão, mas conhecer melhor o interlocutor. Na França, dá-se muita importância a que todas as pessoas que participam de um trabalho dêem sua opinião, o que pode fazer com que as discussões sejam muito longas. Às vezes, são necessárias muitas reuniões para que se chegue a uma decisão. A previsão de tempo para o cumprimento da pauta de uma reunião em geral também não se cumpre, pois é muito comum se fazerem longas digressões.*

Abrir uma reunião
Ouvrir une réunion

Bom dia. Estou feliz por recebê-los.
Bonjour. Je suis heureux (heureuse) de vous accueillir.

Quem se encarrega do relatório?
Qui se charge du compte rendu ?

Temos hoje cinco itens na pauta do dia.
Nous avons aujourd'hui cinq points à l'ordre du jour.

Todos sabem do que se trata.
Tout le monde sait de quoi il s'agit.

O objetivo de nossa reunião é...
Le but de notre réunion est de…

Hoje devemos tomar uma decisão a respeito de...
Aujourd'hui, nous devons prendre une décision au sujet de…

Em primeiro lugar, o sr. ... nos dará uma visão geral sobre...
D'abord, M. … nous donnera une vue d'ensemble sur…

Em seguida teremos tempo para discutir sobre...
Ensuite, nous aurons le temps de discuter de…

Opiniões
Opinions

O que os senhores acham?
Qu'en pensez-vous ?

Qual é sua opinião?
Quelle est votre opinion / votre avis ?

O senhor/ A senhora concorda?
Vous êtes d'accord ?

na minha opinião
à mon avis

segundo minha experiência / a meu ver
d'après mon expérience / d'après moi

Pessoalmente, acho que...
Personnellement, je pense que…

Estou convencido(a) de que...
Je suis convaincu(e) que…

Concordo. / Não concordo.
Je suis d'accord. / Je ne suis pas d'accord.

Tem razão. / É verdade.
Vous avez raison. / C'est vrai.

Não sou dessa opinião.
Je ne partage pas cet avis.

Não tenho tanta certeza.
Je ne suis pas si sûr(e).

pelo contrário...
au contraire…

Eu me pergunto se...
Je me demande si…

Explicar
S'expliquer

Pode me explicar isso, por favor?
Pouvez-vous expliquer cela, s'il vous plaît ?

Se entendi bem...
Si je vous comprends bien…

Eu quis dizer que...
Ce que je voulais dire c'est que…

Permita que lhe explique da seguinte maneira...
Permettez-moi de vous l'expliquer de la manière suivante…

em outras palavras
autrement dit

sinceramente
franchement

por um lado – por outro lado
d'un côté – de l'autre (côté)

O problema principal é que...
Le problème principal est…

Intervir
Intervenir

Desculpe-me, mas...
Excusez-moi mais…

Peço licença para interrompê-lo.
Excusez-moi de vous interrompre.

Posso fazer uma pequena observação?
Puis-je faire brièvement une remarque ?

Permita que eu tome a palavra a esse respeito.
Permettez-moi de prendre la parole à ce sujet.

Se não se importar de esperar mais um instante...
Si vous voulez bien patienter encore un instant…

Posso terminar?
Puis-je terminer ?

Um momentinho, por favor.
Encore un petit moment, s'il vous plaît.

Passo a palavra ao senhor / à senhora / à senhorita...
Je passe la parole à M./Mme/Mlle …

Dirigir a discussão
Diriger la discussion

Vamos passar ao item seguinte.
Passons au point suivant.

Não vamos nos desviar do assunto.
Ne nous écartons pas du sujet.

Voltando ao que estávamos dizendo...
Pour en revenir à ce que nous disions…

Infelizmente não temos mais tempo.
Nous n'avons malheureusement plus le temps.

Resumir e concluir
Résumer et conclure

Podemos chegar a um acordo?
Pouvons-nous nous mettre d'accord ?

Quem é a favor? Quem é contra? Há abstenções?
Qui est pour ? Contre ? Y a-t-il des abstentions ?

Então, por enquanto é isso.
Alors, nous en restons là pour l'instant.

Ainda precisamos marcar a data de nossa próxima reunião.
Nous devons encore fixer la date de notre prochaine réunion.

Agradeço por terem vindo.
Je vous remercie d'être venus.

adotar uma resolução	adopter une résolution
comparação	la comparaison
comparar	comparer
concessão	la concession
concordar	être d'accord
conferência preparatória	la conférence préparatoire
convencer	convaincre
decidir	décider
decisão	la décision
discutir	discuter
entrar em acordo	être d'accord
examinar	examiner
expor, desenvolver	exposer, développer
insistir (em)	insister (sur)
levantar um problema	soulever un problème
levantar uma questão	soulever une question
objeção	l'objection f
participante	le/la participant/e
participar de	participer à, prendre part à
pauta do dia	l'ordre m du jour
ponto de vista	le point de vue
por unanimidade	unanime, à l'unanimité
presidente	le/la président/e
problema principal	le problème principal
propor	proposer
proposta	la proposition
recusar	refuser
relatar	faire un rapport (sur)
relatório	le procès verbal, le compte rendu
retomar	revenir à
reunião de informações	la réunion d'informations
reunião de previsões / de planejamento	la réunion de prévisions / de planification
sessão	la séance
abrir uma sessão	ouvrir une séance
encerrar uma sessão	clore une réunion
solicitação	la demande
apresentar uma solicitação	présenter une demande
solução	la solution
verificar	vérifier
votar a favor / contra	voter pour/contre

Exposição

▸•▸ *Ao preparar uma exposição ou uma apresentação, não deixe de levar em conta as peculiaridades dos franceses. Lembre-se de que eles são impacientes e "apressados". Portanto, não se prolongue muito. Tente se ater aos pontos principais e a expor suas razões e projetos em linhas gerais, deixando maiores detalhes para serem desenvolvidos à medida que seus interlocutores forem mostrando interesse e fazendo perguntas. Faça uma exposição dinâmica e bem ilustrada, valendo-se de fotos, vídeos, folhetos etc.*

Equipamento ▸▸ 11 *Equipamento de escritório...*
Equipement

cavalete	le chevalet de conférence (le flipchart)
controle remoto	la télécommande
diapositivo	la diapositive
extensão	la rallonge
gravador de vídeo	le magnétoscope
interruptor	l'interrupteur *m*
marcador	le crayon, le marqueur
ponteira	la baguette
projetor	le projecteur
quadro	le tableau
retroprojetor	le rétroprojecteur
tela	l'écran *m*
tomada	la prise
transparência, acetato	le transparent (*Q:* l'acétate *m*)
videocassete	la cassette vidéo

Introdução
Introduction

Tenho a satisfação de recebê-los hoje em nossa reunião.
Je suis heureux (heureuse) de vous accueillir aujourd'hui à notre réunion.

Temos a honra de receber o sr. ... que nos falará sobre...
Nous avons l'honneur de recevoir M. ... qui nous parlera de...

Em primeiro lugar o sr. ... nos fará uma breve exposição.
Tout d'abord, M. ... nous fera une courte présentation.

O tema dessa exposição é...
Le thème de cette présentation est…

Em primeiro lugar, gostaria de lhes dizer...
D'abord, je voudrais vous dire…

Desejo hoje informá-los sobre... / colocá-los ao par da atual situação de...
Je désire aujourd'hui vous informer sur… / vous mettre au courant de la situation actuelle de…

Dividi esta exposição em quatro partes.
J'ai divisé cet exposé en quatre parties.

Palavras para estruturar uma exposição
Les mots pour structurer un exposé

primeiro / primeiramente / em primeiro lugar
d'abord / premièrement / en premier lieu

em seguida / em segundo lugar
ensuite / deuxièmement / en deuxième lieu

para começar
pour commencer

para terminar / finalmente / enfim
pour terminer / finalement / enfin

agora / depois
maintenant / ensuite

A mensagem
Le message

Tenho a satisfação de lhes apresentar os resultados de um estudo sobre...
Je suis heureux (heureuse) de vous présenter les résultats d'une étude sur…

No dossiê que lhes entreguei, os senhores encontrarão...
Dans le dossier que je vous ai donné, vous trouverez…

Por favor, consultem a página... do relatório.
Voulez-vous bien aller à la page … du rapport.

O parágrafo... trata de...
Le paragraphe … traite de…

Como os senhores sabem...
Comme vous le savez…

Além disso...
De plus…
Por outro lado...
A l'opposé…
Isso tem por conseqüência...
Ceci a pour conséquence…
Antes de continuar, vamos considerar mais uma vez...
Avant de continuer, considérons encore une fois…
Agora vamos passar a...
Passons maintenant à…

Diagramas
Diagrammes

Em primeiro lugar, gostaria de lhes mostrar algumas transparências.
Tout d'abord, je voudrais vous montrer quelques transparents.

Esse esquema representa...
Ce schéma représente…

Observem...
Regardez…

Aqui os senhores vêem...
Vous voyez là…

Aqui, pode-se observar algo interessante / preocupante.
Ici, on peut voir ce qui est intéressant / inquiétant.

Vejamos agora os números para...
Regardons maintenant les chiffres pour…

Como podem ver / notar...
Comme vous pouvez le voir / remarquer…

Os números mostram que...
Les chiffres montrent que…

Esse diagrama põe em destaque...
Ce diagramme met en évidence…

O que podemos deduzir daí?
Qu'est-ce qu'on peut en déduire ?

Isso significa que...
Cela signifie que…

isto é / em outras palavras / ou seja
c'est-à-dire / autrement dit / soit

Eu gostaria de acentuar / mostrar a importância que...
Je voudrais souligner / montrer l'importance que…

à esquerda / à direita	à gauche / à droite
ao lado	à côté
aumentar	agrandir
em cima / embaixo	en haut / en bas
em frente de	en face de
coluna	la colonne
corte	la coupe
curva	la courbe
curva leve	*(leve subida)* la faible montée; *(leve queda)* la faible descente
curva pronunciada	*(subida pronunciada)* la forte montée; *(queda pronunciada)* la forte descente
detalhe	le détail
eixo	l'axe *m*
eixo vertical	l'axe vertical
eixo horizontal	l'axe horizontal
legenda	la légende
limiar	le seuil
linha	la ligne
na frente / atrás	devant / derrière
parcela	la partie
parte	la part
plano	le plan
ponto	le point
quadro	le tableau
reduzir	réduire
regular	régulier / régulière
representar	représenter
segmento	le segment
visão de conjunto	la vue d'ensemble

Variações / Variations

aumentar	augmenter
aumento	l'augmentation *f*
baixa	la baisse
baixar	baisser
dobrar	doubler
elevar	élever
estabilizar-se	se stabiliser
excedente	l'excédent *m*
flutuar	fluctuer
intensificar	s'intensifier
lucro	le profit
perda, baixa	la perte, la baisse
perder	perdre

permanecer estável	rester stable
queda	la chute
reduzir, diminuir	réduire, diminuer
subida	augmenter
tendência	la tendance
traduzir-se em	se traduire (en)
ultrapassar	dépasser

Comparação	**Comparaison**
ao contrário	au contraire
apesar de	malgré
comparar	comparer
comparável	comparable
contra	contre
diferença	la différence
em compensação	par contre
equilibrar-se, compensar	s'équilibrer, se compenser
opor	opposer
paralelamente	parallèlement
respectivamente	respectivement
semelhante	semblable (à)

Concluir
Conclure

resumindo / concluindo / como conclusão / em suma
pour résumer / pour conclure / comme conclusion / en bref

Para terminar, eu gostaria de dizer que...
Pour terminer, je voudrais dire que…

Resumindo, os pontos principais são...
Pour résumer, les points principaux sont…

Concluindo, quero mais uma vez destacar que...
Pour conclure, je tiens encore une fois à souligner que…

Como acabamos de constatar...
Comme nous venons de le constater…

Não se esqueçam de que...
N'oubliez pas que…

Agradeço sua atenção.
Je vous remercie de votre attention.

Aplausos
Applaudissements

Costuma-se aplaudir uma exposição só quando quem a fez é uma personalidade de destaque ou quando, de fato, ela foi excepcional. Nestes casos, de modo nenhum deve-se bater na mesa ou assobiar. Isso também vale para a Suíça, a Bélgica e os países africanos de língua francesa.

Perguntas sobre a exposição
Questions sur la présentation

Terei prazer em responder às suas perguntas.
Je répondrais avec plaisir à vos questions.

Tenho uma pergunta a respeito de...
J'ai une question à propos de…

Poderia nos explicar o que entende por...
Pouvez-vous nous expliquer ce que vous entendez par… ?

Se entendi bem...
Si je vous ai bien compris…

Eu gostaria de ter mais informações sobre...
J'aimerais bien avoir plus d'informations sur…

O senhor / A senhora acha importante que...?
Trouvez-vous important que… ?

É uma pergunta interessante.
C'est une question intéressante.

É ótimo que o senhor / a senhora levante essa questão.
C'est très bien que vous souleviez cette question.

Quero dizer com isso que...
Ce que je veux dire par là c'est que…

Acho que o senhor / a senhora... poderia responder melhor.
Je pense que monsieur/madame … peut mieux répondre.

Infelizmente só temos tempo para mais uma pergunta.
Nous n'avons malheureusement de temps que pour une dernière question.

Convites profissionais e pessoais

Convidar
Inviter

O senhor/ A senhora tem programa para hoje à noite?
Vous avez des projets pour ce soir ?

Muito obrigado(a), mas infelizmente à noite eu vou embora.
Je vous remercie beaucoup, mais malheureusement je repars ce soir.

Que pena! Fica para uma próxima vez.
C'est dommage ! Ce sera pour une prochaine fois.

▸•▸ *Na França, país da boa cozinha e do bom gosto, certamente você será convidado por seus parceiros de negócios para almoçar ou jantar fora. O restaurante será criteriosamente escolhido, pelo ambiente e pela comida, e, certamente, será feita uma reserva antecipada.*

Eu gostaria muito de convidá-lo(a) para almoçar / para jantar.
J'aimerais beaucoup vous inviter à déjeuner / à dîner.

▸•▸ *Na Suíça e na Bélgica, dîner é almoçar e souper é jantar.*

É muita gentileza sua.
C'est très aimable de votre part.

Passo para buscá-lo(a) às 8 horas.
Je passe vous chercher à 8 heures.

Refeição de negócios ▸▸ 7 *Gastronomia*
Repas d'affaires

▸•▸ *No restaurante, espera-se que o anfitrião se sente primeiro. O cardápio é minuciosamente "comentado" por todos e, depois de escolhidos os pratos, escolhe-se o vinho. Depois de tudo servido, o anfitrião ergue o copo e todos o imitam, para provar o vinho. É falta de educação começar a comer enquanto ainda há alguém esperando pelo prato.*

O que me aconselha / recomenda?
Qu'est-ce que vous me conseillez / recommandez ?

Este restaurante é famoso / conhecido por sua culinária (regional).
Ce restaurant est renommé / réputé pour sa cuisine (régionale).

O / A... é excelente.
Le/La ... est excellent(e).

Bom apetite!
Bon appétit !

• • ▸ *Tipicamente francês: o pão*

Pão branco (sem manteiga) faz parte de toda refeição francesa. No entanto, não é para ser consumido enquanto se espera pela comida, mas sim ao longo da refeição. Também é considerado falta de educação ir mordendo bocados da fatia ou do pãozinho inteiro. O certo é ir destacando com a mão pequenos pedacinhos e levando à boca.

Não se deve comer aves com a mão. Além disso, as folhas da salada não devem ser cortadas. Quando forem muito grandes, deverão ser dobradas com auxílio da faca e do garfo.

À sua saúde!
A votre santé !

Que cor bonita!
Quelle belle couleur !

O vinho combina muito bem com esta carne!
Le vin est excellent avec cette viande !

Comece, por favor.
Commencez donc.

Falar de negócios durante a refeição
Les affaires pendant le repas

• • ▸ *Uma boa conversa faz parte do almoço ou do jantar profissional, em que o objetivo principal é os participantes se conhecerem melhor. É natural que todos queiram saber melhor com quem estão lidando. Certamente, em vários momentos a conversa acabará tocando nos negócios, mesmo que indiretamente.*

Quem paga a conta? ▸▸ **7** *Pagar*
Qui règle l'addition ?

• • ▸ *Normalmente, é o anfitrião quem convida seus hóspedes. Mesmo assim, em geral há quase que uma briga para resolver quem paga a conta. Seja como for, será de bom tom que o convidado retribua o convite na primeira oportunidade.*

Eu estou convidando.
Je vous invite.

Não, deixe. O convite é meu.
Non, laissez. C'est moi qui invite.

Não, faço questão.
Si, j'insiste.

Obrigado(a), é muita gentileza.
Merci, c'est très gentil.

A próxima vez serei eu.
La prochaine fois, c'est mon tour.

Convite para um jantar em casa
Inviter chez soi

▶▶▶ *Na França, negócios e família são mundos bem separados. Por isso, raramente você será convidado para ir à casa de quem o está recebendo. No entanto, não é impossível que você receba um convite para tomar um aperitivo, um café ou até mesmo jantar na casa de seu anfitrião.*

Se você for convidado para uma refeição numa casa de família, chegue cerca de quinze minutos depois do horário estabelecido. Leve flores, bombons ou uma pequena lembrança para oferecer à dona da casa. Em Quebec, uma garrafa de bom vinho é sempre bem recebida.

Muito obrigado(a) pelo convite tão amável.
Je vous remercie de votre si aimable invitation.

Trouxe umas flores / uns bombons / uma lembrancinha.
Je vous ai apporté des fleurs / des chocolats / un petit cadeau.

São / É para a senhora.
C'est pour vous.

Que beleza! ▶▶ **16** *Dar os parabéns*
Comme c'est joli !

Muito obrigada. Mas não era preciso.
Je vous remercie. Mais ce n'était vraiment pas nécessaire / la peine.

Entre.
Mais entrez donc.

Que casa bonita!
Comme c'est joli chez vous !

▶▶▶ *Quando o convite é para tomar um aperitivo, chega-se no final da tarde e fica-se no máximo uma hora. Para essa ocasião, não é necessário levar presentes.*

O que o senhor / a senhora toma? Pastis, uísque, vinho do Porto? ▶▶ **7** *Bebidas*
Qu'est-ce que vous prenez ? Pastis, whisky, porto ?

Sirva-se de tira-gosto / salgadinhos.
Prenez des amuse-gueules / biscuits salés (*CH:* amuse-bouches).

●●► *Quando o convite é para o cafezinho após o almoço, chega-se por volta das 14h00 e fica-se também por cerca de uma hora. Também não é necessário levar presentes.*

No caso do convite para o aperitivo ou para o cafezinho, o convidado deve tomar a iniciativa de se despedir, mesmo que a conversa esteja interessante, para não atrapalhar a rotina da família.

À mesa ►► 7 *Apreciar*
A table

Sirva-se, por favor.
Servez-vous, s.v.p.

Mais um pouquinho? / Deseja repetir?
Encore un peu ? / Vous en reprenez ?

Não, obrigado(a), está uma delícia, mas estou satisfeito mesmo.
Non, merci. C´est délicieux mais vraiment je ne peux plus.

Aceito, mas só um pouquinho.
Volontiers, mais juste un petit peu.

Não consigo resistir.
Je ne peux pas résister.

A senhora é uma exímia cozinheira.
Vous êtes un vrai cordon bleu.

Poderia me passar o pão, por favor?
Pouvez-vous me passer le pain, s.v.p. ?

Experimentou a minha torta?
Avez-vous goûté à ma tarte ?

Despedir-se
Prendre congé

Infelizmente preciso deixá-los.
Je dois malheureusement vous quitter.

Ora, fique mais um pouco.
Mais restez donc encore un peu.

É tarde e amanhã preciso me levantar cedo.
Il est tard et demain je dois me lever de bonne heure.

Obrigado(a) pela noite agradável / por sua hospitalidade.
Merci pour cette agréable soirée / pour votre hospitalité.

O jantar / O almoço estava uma delícia.
Le repas était délicieux.

Foi muito agradável estar com vocês.
Ça a été très agréable de vous voir.

Venha logo nos visitar de novo.
Revenez nous voir bientôt.

Até logo.
Au revoir.

Bom regresso.
Bon retour.

Boa viagem.
Bon voyage.

Mande notícias suas.
Donnez-nous bientôt de vos nouvelles.

Bate-papo ▸▸ 2 *Mostrar interesse*

—•• ▸— Os franceses adoram um bom bate-papo. Seus temas preferidos são arte, política e cultura. Em geral eles são muito bem informados, gostam de discutir as notícias atuais e também se interessam por receber informações a respeito de outros países e culturas. Assim, tente ler revistas semanais francesas como L'Express, Le Point ou Le Nouvel Observateur, para poder participar das conversas e dar sua opinião.

Para os franceses os comentários e os raciocínios em torno dos fatos são mais importantes do que os fatos em si. Eles gostam de levantar polêmicas e argumentar. No entanto, áreas de conflito são ciosamente evitadas. O que vale é a conversação quase que como exercício.

Assim, ao entrar numa conversa, tente primeiro sentir o terreno em que está pisando. Evite ferir suscetibilidades e dar opiniões que possam ofender ou causar constrangimentos. Lembre-se de que você está num país estrangeiro, que tem seus próprios problemas e tabus.

Depois que se criar uma atmosfera de maior confiança e intimidade, talvez seja possível abrir-se mais a respeito do que você pensa.

Os belgas, de modo geral, são mais abertos do que os suíços.

Nos países africanos, os temas de conversa preferidos são esporte, sobretudo futebol, mulheres e piadas discretas. A política é um assunto quase tabu.

O tempo
Le temps

Que dia bonito!
Quelle belle journée !

Como está o tempo na Provença?
Quel temps fait-il en Provence ?

O tempo está bom.
Il fait beau (temps).

O tempo está ruim.
Il fait mauvais (temps).

Qual é a temperatura? É de 32 graus.
Quelle température fait-il ? Il fait 32 degrés.

Qual é a previsão do tempo?
Que prévoit la météo ?

A previsão é de sol / frio / chuva / vento.
On prévoit du soleil / du froid / de la pluie / du vent.

Vai chover / nevar.
Il va pleuvoir / neiger.

Há previsão de uma tempestade de neve.
On prévoit une tempête de neige.

Há gelo. Dirija com prudência.
Il y a du verglas. Conduisez prudemment.

Negócios
Les affaires

Está aqui a negócios?
Vous êtes ici pour les affaires ?

Em que ramo o senhor / a senhora trabalha?
Vous travaillez dans quelle branche ?

Como vão os negócios?
Comment vont les affaires ?

Não tenho do que me queixar.
Je n'ai pas à me plaindre.

Tudo vai da melhor maneira possível.
Tout va pour le mieux.

A concorrência é cada vez maior.
La concurrence est de plus en plus grande.

Muitas empresas faliram.
Beaucoup d'entreprises ont fait faillite.

Países e regiões ▶▶ 2 *Países e nacionalidades*
Pays et régions

É sua primeira estada aqui?
C'est votre premier séjour ici ?

Está gostando?
Ça vous plaît ?

De onde o senhor / a senhora é?
Vous êtes d'où ?

Onde fica exatamente?
Où est-ce exactement ?

É no norte / no sul / no leste / no oeste / no centro de...
C'est dans le nord / sud / est / ouest / centre de…

Cidades ▸▸ **2** *Nomes de cidades*
Villes

O senhor / A senhora é de Lyon?
Vous êtes de Lyon ?

Não, eu nasci em Pau, mas moro aqui há mais de 20 anos.
Non, je suis né(e) à Pau mais je vis ici depuis plus de 20 ans.

Mora numa cidadezinha perto de...
J'habite dans une petite ville près de…

Fica a cerca de... quilômetros de...
C'est à environ… kilomètres de…

Tem cerca de... habitantes.
Il y a environ … habitants.

Muita gente vai trabalhar todos os dias em...
Beaucoup de gens vont travailler chaque jour à…

Acostumou-se bem?
Vous vous êtes bien habitué(e) ?

No início não foi fácil, mas agora gosto muito.
Au début ce n'était pas facile. Mais maintenant, ça me plaît beaucoup.

Filhos
Les enfants

O senhor / A senhora tem filhos?
Vous avez des enfants ?

Sim, mas já são grandes.
Oui, mais ils sont grands maintenant.

Minha filha saiu de casa.
Ma fille a quitté la maison.

Ela estuda direito / economia / administração.
Elle fait des études de droit / d'économie / de gestion.

Meu filho está fazendo serviço militar.
Mon fils fait son service militaire.

As crianças ainda estão no jardim-de-infância / na escola.
Les enfants vont encore au jardin d'enfants (Q: à la maternelle) / à l'école.

Quantos anos tem seu filho? Ele tem 12 anos.
Quel âge a votre fils ? Il a 12 ans.

Em que série ele está? No próximo ano ele entra na...
Il est dans quelle classe ? L'année prochaine il entre en … .

Esporte
Le sport

O senhor / A senhora pratica esporte?
Vous pratiquez un sport ?

Todas as manhãs faço ginástica e nos fins de semana nós fazemos *jogging*.
Chaque matin, je fais de la gymnastique et le week-end, nous faisons du jogging.

Jogo tênis / *squash* / golfe.
Je fais du tennis / du squash / du golf.

Faço regularmente natação / equitação.
Je fais régulièrement de la natation / de l'équitation.

Sou matriculado(a) numa academia de musculação.
Je suis inscrit(e) à un club de musculation.

Gosto de futebol.
J'aime le foot(ball) (*Q:* le soccer).

Viu o jogo na televisão?
Vous avez vu le match à la télévision ?

Vi, o St. Germain ganhou de 3 a 1.
Oui, St. Germain a gagné 3 buts à 1.

Passatempos
Loisirs

O que faz nas horas de folga?
Que faites-vous pendant vos loisirs ?

Passo muito tempo com meus filhos.
Je passe beaucoup de temps avec mes enfants.

Gosto de bricolagem / desenhar / pintar / tocar música.
J'aime bien bricoler / dessiner / peindre / faire de la musique.

Cuido do jardim.
Je m'occupe du jardin.

Preciso de tranqüilidade.
J'ai besoin de calme.

Coleciono selos.
Je collectionne les timbres.

→●●► *Atenção colecionadores: em francês é muita arrogância dizer que se colecionam* antiquités*. É mais conveniente especificar:*

Pesquiso móveis da época do Império.
Je recherche les meubles d'époque Empire.

Coleciono relógios antigos.
Je collectionne les horloges anciennes.

Eu me interesso por arte. Coleciono pinturas de...
Je m'intéresse à l'art. Je collectionne les peintures de...

Dar os parabéns
Complimenter

O senhor / A senhora fala muito bem o francês / o português.
Vous parlez très bien le français / le portugais.

Sua filha é mesmo muito bonita / vistosa.
Votre fille est vraiment très jolie / éveillée.

É muito interessante / confortável / agradável.
C'est très intéressant / confortable / agréable.

Felicidade! / Parabéns.
Meilleurs vœux ! / Mes félicitations.

Fico contente pelo senhor / pela senhora.
Je suis content(e) pour vous.

Socorro!

Saúde
Santé

Médico
Médecin

▶▶▶ *Na França todas as consultas médicas e remédios devem ser pagos no ato. Só depois as despesas são reembolsadas pelo devido seguro.*

Poderia chamar um médico, por favor?
Pouvez-vous appeler un médecin, s.v.p. ?

Poderia me recomendar um médico?
Pouvez-vous me recommander un médecin ?

O clínico geral / o especialista / o cirurgião / o dentista
le médecin généraliste / le spécialiste / le chirurgien / le dentiste

Qual é o horário de consulta?
Quelles sont les heures de consultation ?

Bom dia, senhor / senhora. Em que posso ajudar?
Bonjour monsieur/madame. Que puis-je faire pour vous ?

Estou com dor aqui.
J'ai mal là.

Não estou me sentindo bem.
Je ne me sens pas bien.

Estou com enjôo.
J'ai mal au cœur.

Estou com uma erupção / um inchaço.
J'ai une éruption / une enflure.

Estou com dificuldade para respirar / para enxergar.
J'ai du mal à respirer / voir.

Estou com...
J'ai...

dor de cabeça / dor de garganta / dor de estômago / dor de barriga / dor de dente
mal à la tête / mal à la gorge / mal à l'estomac / mal au ventre / mal aux dents

resfriado / gripe
attrapé froid / la grippe

enxaqueca / asma / ardor no estômago
la migraine / de l'asthme / des aigreurs d'estomac

pressão alta / baixa
la tension trop haute / trop basse

Há quanto tempo está com isso?
Depuis combien de temps avez-vous cela ?

Já teve isso antes?
Vous avez déjà eu ça ?

Estou ferido(a).
Je suis blessé(e).

Poderia me receitar um remédio contra...?
Pourriez-vous me prescrire un médicament contre…

Qual farmácia está de plantão à noite?
Quelle pharmacie est de service de nuit ?

Eu queria soníferos / comprimidos / gotas / curativos.
Je voudrais des somnifères / des cachets / des gouttes / des pansements.

É preciso ter receita?
Est-ce qu'il faut une ordonnance ?

Melhoras!
Bon rétablissement !

Dentista
Dentiste

anestesia	l'anesthésie f
arrancar	arracher
passar a broca	passer la roulette
boca	la bouche
coroa	la couronne
dente	la dent
dente do siso	la dent de sagesse
enxaguar	rincer
inflamação da gengiva	l'inflammation f de la gencive
injeção	la piqûre
obturação	le plombage
radiografia	la radio
ter dor de dente	avoir mal aux dents

Farmácia
Pharmacie

aspirina	l'aspirine f
caixa	la boîte
colírio	les gouttes f pour les yeux
comprimidos contra dor, analgésico	les comprimés m contre la douleur, l'analgésique m
comprimidos contra dor de cabeça	les comprimés m contre le mal de tête
comprimidos contra dor de estômago	les comprimés m contre le mal d'estomac
comprimidos, pastilhas	les cachets m, les comprimés m

esparadrapo	le pansement (adhésif)
gotas	les gouttes f
gotas para o nariz	les gouttes f pour le nez
pílula	la pilule
pomada	la pommade
remédio homeopático	le médicament homéopathique
sonífero	le somnifère
supositório	le suppositoire
xarope contra tosse	le sirop pour la toux

Oculista
Opticien

armação	la monture
lente	le verre
lente de contato	les verres m de contact
lente de contato gelatinosa	les verres de contact souples
lente de contato rígida	les verres de contact durs
óculos	les lunettes f
oftalmologista	l'ophtalmologiste
produto de conservação	le produit de conservation
produto de limpeza	le produit de nettoyage

Polícia

Police

Onde fica a delegacia de polícia / o posto policial?
Où se trouve le commissariat de police / le poste de police ?

Queria fazer um boletim de ocorrência de roubo.
Je voudrais faire une déclaration de vol.

Roubaram meu carro / o rádio do meu automóvel / minha carteira.
On a volé ma voiture / mon autoradio / mon portefeuille.

Poderia descrevê-lo(a)?
Vous pouvez le/la décrire ?

Quando foi a última vez que o(a) viu?
Quand l'avez-vous vu(e) pour la dernière fois ?

Perdi todos os meus documentos: carteira de identidade, carteira de motorista, cartões de crédito e dinheiro.
J'ai perdu tous mes papiers : carte d'identité, permis de conduire, cartes de crédit et de l'argent liquide.

Em caso de perda do seu cartão de banco, o senhor/ a senhora tem 24 horas para pedir o bloqueio.
En cas de perte de votre carte bancaire, vous avez 24 heures pour faire opposition.

Eu queria telefonar para o consulado.
Je voudrais téléphoner au consulat.

Meu carro foi guinchado?
Est-ce que ma voiture a été emmenée à la fourrière ?
Foi, estava estacionado em lugar proibido.
Oui, vous étiez en stationnement interdit.

Acidente de trânsito e pane ▶▶ 5 *Estradas e trânsito*
Accident et panne

● ● ▶ *Nas rodovias francesas, de dois em dois quilômetros há uma cabine de socorro diretamente ligada à polícia rodoviária. Em caso de pane no motor de seu carro, basta entrar numa delas e acionar a chamada, que logo você receberá socorro.*

Em caso de acidente, registre todos os detalhes num formulário padronizado, o constat à l'amiable.

Tive / Vi um acidente.
J'ai eu / J'ai vu un accident.
O motorista não me deu a preferência.
Le conducteur ne m'a pas laissé la priorité.
Ele não deu sinal de luz.
Il n'a pas clignoté.
Ele ultrapassou o farol vermelho.
Il est passé au rouge.
Ele brecou de repente.
Il a freiné brutalement.
Ele me abalroou.
Il m'a embouti.
Estou com uma pane no motor.
Je suis en panne.
Onde fica a oficina mais próxima?
Où se trouve le garage le plus proche ?
Poderia me mandar um mecânico imediatamente?
Pouvez-vous m'envoyer de suite un mécanicien ?
Poderia rebocar meu carro?
Pouvez-vous remorquer ma voiture ?
Aqui estão os documentos do meu seguro.
Voici mes papiers d'assurance.

Índice remissivo

A
à mesa 103, 106
agência de turismo 63
agenda 32
agradecer 16
alfândega 37
almoço 49
aluguel de automóvel 38, 40
amostra do produto 67
aperitivo 53, 54, 105
aperto de mão 12, 14, 81, 85
aplausos 102
apresentações 10, 14, 97
assunto tabu 108
avião 33, 35

B
banco 59
bar 48, 55
bate-papo 108
bebidas 52
bises 14
brasserie 48, 55

C
ça va? 15
cadres 76
café da manhã 50
café 48, 55
calendário de eventos 63
cardápio 50
carros de aluguel 38, 40
casa de câmbio 59
check-in 36
cidades 21, 110
cinema 64
clima 108
comparação 101
compras 61
concerto 64
concluir 95, 101
conclusão de um negócio 92
conexões 35, 38, 42
conferências 93
confirmação 32
conta 46, 55, 104
contato com o cliente 66
contatos 68, 86, 106
controle de passaportes 36
conversa inicial 82, 87, 108
conversas 10, 63, 87, 104, 108
conversas à mesa 48, 104
convites (particulares) 12, 103, 105
convites 103
correio 58
cortesia 11
cultura 63
cumprimentos 14, 81

D
dar recados 29, 45
dar opiniões 18, 93, 108
data 23
decisões 92
dentista 114
departamentos ultramarinos 19
departamentos 19
descer do trem 39, 43
descrição do caminho 57
descrição do produto 67
desculpas 17
desenvolvimentos de empresas 73
despedida 14, 85, 106
diagrama 99
dias da semana 24
dificuldades de comunicação 18
dirigir discussões 95
documentos 36, 40, 59
doença 113

E
edifícios 58
empecilhos 90
encomenda 69, 90
entretenimento 63
especialidades 50
esporte 111

estação 38
estrutura administrativa 75
etiqueta 9,12,14,32,81
explicações 89,94
exposição 97
exposições de arte 63

F
família 110
farmácia 114
feiras 65
feriados 24
filhos 110
formação acadêmica 14
formas de administração 71
formas de pagamento 69,70
fornecimento 69,70
fusos horários 26

G
gastronomia 48,103
gesticulação 12
gorjeta 41,55
Grandes Écoles 79

H
hierarquia 76
hipóteses 90
horários 25
horários de abertura 61,63
horários de expediente 31
horas de folga 63,111
horas 24
hospedagem 34,44
hotel 34,44

I
intervir 36,95

L
lazer e cultura 63
lidar com horários 9
linguagem corporal 12
locais públicos 58
lojas 61

M
maneiras de dizer 11,12
marcar hora 9,31,32,81

marketing 66
material de escritório 82,97
médico 113
meios de transporte 42
mensagem 98
mentalidade 9
mercado 72
meses 24
metrô 42
mímica 12
mostrar interesse 19
museu 63

N
nacionalidades 19
negociar 89
nota 42,56,61
números 22

O
oculista 115
ônibus 42
opinar 18,94
organograma 75
orientação 57

P
bagagem 35,44,46
pagar 46,55,104
países 19
palavras de localização 57
palavras de orientação 98
pane 116
parabéns 112
cargos 75
parceria 87
pardon 11,17
partida 46
passatempos 111
pauta do dia 93
pedidos (no restaurante) 49
pedir explicações, explicar 89, 94
pedir 16,54
perguntas 89,102
planos 87
polícia 115
pontualidade 9,81
prédios de empresas 80
presentes 105

problemas 29, 45
profissões 77
programa noturno 63
programa 84
programação 84
publicidade 66

Q
qualificação 79
queixas 45, 54

R
ramos 73
recepção 80
recepcionista 66
reclamações 45, 54
refeição de negócios 48, 103
refeições 48, 103
regiões 19, 109
regulamento 9, 85
remédios 114
reserva de hotel 33, 34
reserva de mesa 48
reserva de passagem aérea 33
reserva 34, 44
responder 19, 89
responsabilidades 75
restaurante 48, 103
reuniões 87, 93
roubo 115
roupas 32

S
saúde 113
secretária eletrônica 29
serviço de despertador 45
serviços de secretaria 34
setores de atividade 72
sinais aritméticos 23
sinalização das estradas 41
soletrar 22

T
táxi 41, 45
teatro 63
telefonar 27
telefones de emergência 27
temas de conversa 108
tempo de reflexão 91
tipos de empresas 71
títulos 12, 14, 75
trânsito 40, 57
tratamento 12
trem 38

V
variações 100
visita a empresas 80
visitas turísticas 63
votos 16

Impressão e acabamento
Cromosete
GRÁFICA E EDITORA LTDA.
Rua Uhland, 307 - Vila Ema
Cep: 03283-000 - São Paulo - SP
Tel/Fax: 011 6104-1176